歴史文化ライブラリー
613

〈ロシア〉が変えた江戸時代

世界認識の転換と近代の序章

岩﨑奈緒子

目　次

図版目次

福澤諭吉の文明観の起源――プロローグ

本書は、江戸時代後期の日本において、ヨーロッパを、卓越した文明であるがゆえに世界を席巻する存在として認識するに至った経緯を、その影響とともに明らかにしようとするものである。

なぜ、こうした世界認識の変化を問題とするのか。言論により文明開化を先導した啓蒙思想家福澤諭吉（一八三五―一九〇二）が、明治二年（一八六九）に子ども向けに書いた『世界国尽《くにづくし》』の「欧羅巴洲《えうろつぱ》」の章には、次のような一節がある。

土地の広袤《ひろさ》を較《くらぶ》れば、五大洲の末なれど、狭き国土に空地なく、人民恒《つね》の産を得て富国強兵天下一、文明開化の中心と名のみにあらずその実は、人の教《おしえ》の行届き、徳《とく》誼《ぎ》を修め知を開き、文学技芸美を尽し、都鄙《みやこいなか》の差別《しゃべつ》なく、諸方に建《たつ》る学問所、幾千万の数知らず。彼《か》の産業《すぎわい》の安くして、彼《かの》商売の繁昌《はんじょう》し、兵備整い武器足りて、世界に誇る太平のその源を尋るに、本《もと》を務《つとむ》る学問の枝に咲きたる花ならん。花見て花を羨むな、本なき枝に花はなし。一身《ひとり》の学に急ぐこそ進歩《あゆみ》はかどる紆路《まわりみち》、共に辿りて西洋の道に栄《さかゆ》る花をみん。

振り仮名を付し、七五調で世界の地理風俗をわかりやすく説明したこの本は、明治五年の学制開始期に小学校教科書に採用され、版を重ねたという。西洋・ヨーロッパ文明がいかに素晴らしく繁栄しているのか、なぜ彼らに学ぶ必要があるのか。右の概説には、福澤が『学問のすすめ』（一八七二―七六年）や『文明論の概略』（一八七五年）等で繰り広げた主張の要諦が、実にわかりやすく説明されている。

明治期において、西洋を進んだ文明と見なす世界観は、日本の近代化を進める強力な推進力となった。福澤に代表されるこうした世界観が広く共有されることにより、近代化は実現したのだ。ではいつ、こうした世界観が日本で生まれたのだろうか。

一六世紀に初めて種子島に来航したポルトガル人を、日本人は南蛮《なんばん》と呼んだ。古代中国が周辺の異民族を卑しんで呼んだ、東夷《とうい》・西戎《せいじゅう》・南蛮・北狄《ほくてき》にならった呼称である。少し遅れてやってきたオランダ人に対して用いた紅毛《こうもう》は、明代（一三六八―一六四四）中国人が紅毛蕃《ばん》・紅毛夷と称したことに由来する。つまり、ポルトガルもオランダも、むしろ劣った人びとであり、日本より進んだ文明とみなされていたわけではない。ならばいつ、西洋は文明へと転換するのか。アメリカの使節ペリー（Matthew Calbraith Perry　一七九四―一八五八）の砲艦外交に屈した時か、それとも、アヘン戦争（一八四〇―四二年）で中国がイギリスに負けた時か。

福澤の啓蒙思想は、自身の欧米経験に由来するという考え方もあるだろう。確かに福澤は、万延元年（一八六〇）と慶応三年（一八六七）に渡米し、文久二年（一八六二）にヨーロッパ諸国を訪れている。福澤を含め、幕府が欧米に送った使節団や留学生は延べ数百人に及ぶ。その経験が大きかったにせよ、そもそもなぜ、幕府は彼らを欧米に派遣したのか。

ヨーロッパを進んだ文明とみなす世界観のはじまりは、一八世紀から一九世紀への世紀の転換期にさかのぼる。これが本書の主張である。転換をもたらした契機はロシアの脅威だ。ロシアの脅威は時の為政者や識者を刺激し、世界についての研究が劇的に深化した。その結果、進んだ文明のヨーロッパが遅れた未開のアメリカ・アフリカを手中に入れ、アジアに向かおうとしている事態が解き明かされるにいたったのだ。イマニュエル・ウォーラーステイン（Immanuel Wallerstein　一九三〇―二〇一九）の提唱した「世界システム論」を彷彿とさせる世界の構造的理解は、江戸幕府の対ヨーロッパ外交に役立てられただけでなく、中国に対する見方や日本人の自意識にも影響を及ぼした。また、この新しい世界理解は一方で、なぜヨーロッパは世界を支配することができるのかという問いを生み、それを可能とする「科学」と「技術」の発見とその受容へと進んだ。

以下、一八世紀から一九世紀への世紀の転換期、日本の年号ではおもに天明期（一七八一—八九）から文化期（一八〇四—一八）にかけての時期に、日本においてどのように世界認識が変化を遂げたのかを、その影響とともにたどっていこう。

世界を学ぶ

この章では、巨大国家ロシアの存在を初めて認識したことをきっかけに、日本において世界についての理解が深められていく経過をたどる。

日本の北辺で何が？

ベニョフスキーの来航

明和八年（一七七一）六月、四国沖に外国船が現れた。ベニョフスキー（Benyovszky Móric　一七四六―八六）がロシアから奪い、流刑地から脱走を図った船である。ハンガリー出身のベニョフスキーは若くしてポーランド軍に入り、ロシアと戦って捕虜となり、カムチャツカに送られていたのだった。ベニョフスキーは、阿波国（徳島県）日和佐《ひわさ》に立ち寄った後、奄美大島、台湾、マカオを経て、ヨーロッパに戻った。

ベニョフスキーは、立ち寄った先でオランダ商館長宛ての書簡を六通残した。いずれも長崎に送られ、まずはオランダ人がドイツ語からオランダ語に翻訳し、それをオランダ通詞が和訳した。ロシアの脅威を警告するハンベンゴローことベニョフスキーの書簡として古くから知られるのは、次に紹介する六通目の手紙である。

長崎に滞在するオランダ商館長様へ

数日暴風にあい、再び日本の地へと漂着したところ、親切に助けてもらいました。お目に掛かることができずとても残念に思っています。

ここに一書をしたためましたのは、今年、「ルス国」の命令により、ガレー船二艘とフレガット船一艘とが「かむしかってか」に集結し、日本近海に派遣されることになっているからです。おそらく、来年松前とその周辺の島々に手を付けるものと思われます。これらの地域は、北緯四一度辺りに位置します。また、「かむしかってか」に近い「クルリイス」という島に砦を築き、武器を配備しています。

このことを貴殿に包み隠さずお知らせします。このような書簡を送ることを「ルス国」は厳しく禁じていますが、こうして真実をお伝えし、友人としての誼《よしみ》を通じていただければと願っています。また貴殿はヨーロッパの方です。是非、本国より船を派遣され、その害を防がれますよう、謹んでご報告申し上げます。

一七七一年（月脱）二〇日　　奄美大島にて

ばろんもりつあらあたるはんへんごろう

（「辺要分界図考」巻之七）

松前は、最北端の大名松前氏が支配する北海道渡島《おしま》半島の南西端の地域を指す。「ルスコ国」がロシア、「かむしかってか」がカムチャツカ、「クルリイス」が千島列島と知っていれば、確かに、この書簡はロシアの脅威を日本に警告したものとなる。しかしながら、明和期（一七六四―七二）の日本は、この書簡をロシアの脅威を警告するものと受け止める段階にはなかった。当時の地理認識に即して、この書簡がどのように読まれたのかを次に見ていこう。

ベニョフスキーの書簡を読み解く手がかり

ベニョフスキーの書簡を読み解くにあたって、当時の人びとが参考にできた手がかりを、まずは概観しよう。

最初にあげられるのが、長崎出島にオランダ商館長が着任するごとに作成された、世界情報の報告書、オランダ風説書《ふうせつがき》である。出島に到着して間もない商館長から、オランダ通詞が聞き取った内容を日本語で書き留めて清書したものに、商館長がサインをして、江戸に送付された。オランダ人が情報提供を義務づけられた寛永一八年（一六四一）から、ベニョフスキー来航の明和八年（一七七一）までに着任した商館長の数は一二四人。単純計算で、一二四通の風説書が作成されていたことになる。オランダ人とは口頭でのやりとりもあったはずだが、詳細を知る手立てはないのでそれは除外する。

次にあげたいのが、世界地図である。たとえば新井白石《あらいはくせき》（一六五七―一七二五）は、正徳三年（一七一三）に完成させた世界地理書「采覧異言《さいらんいげん》」の中で、二枚の舶来の世界地図を参照している。一枚は、イエズス会の宣教師マテオ・リッチ（Matteo Ricci 利瑪竇《りまとう》 一五五二―一六一〇）が中国で刊行した大型の木版世界図『坤輿《こんよ》万国全図』（一六〇二年）（図1）である。明の高官李之藻《りしそう》（一五六五―一六三〇）の協力により、すべての地名が音訳した漢語で表記され、地図上には漢文で地誌が記述されている。現在も使われる「欧羅巴」や「亜細亜」の表記を、最初に使用したのはこの地図である。漢字文化圏の人びとが、ヨーロッパの有した世界地理情報に直接アクセスできるようになった画期的な地図であった。出版から間もない時期に日本に入ったとされ、一七世紀半ば頃からこの図を模した地図が数多く出版されている。リッチの図は、享保期（一七一六―三六）には長崎にあったことを示す記録が残り、現存が確認された初版本四点の内三点は日本にある。

白石が参照したもう一枚の世界地図は、オランダを代表する地図製作者ヨアン・ブラウ(Joan Blaeu 一五九九？―一六七三）が出版した『世界図』（一六四八年）（図2）である。ユーラシアとアフリカ大陸を描く東半球と、南北アメリカ大陸を描く西半球を二円で図示した大判の地図で、下部にはオランダ語で世界の地誌を載せる。幕府がオランダから購入もしくは献上されたものと考えられている。白石が実際に見たブラウの地図は、現在、東

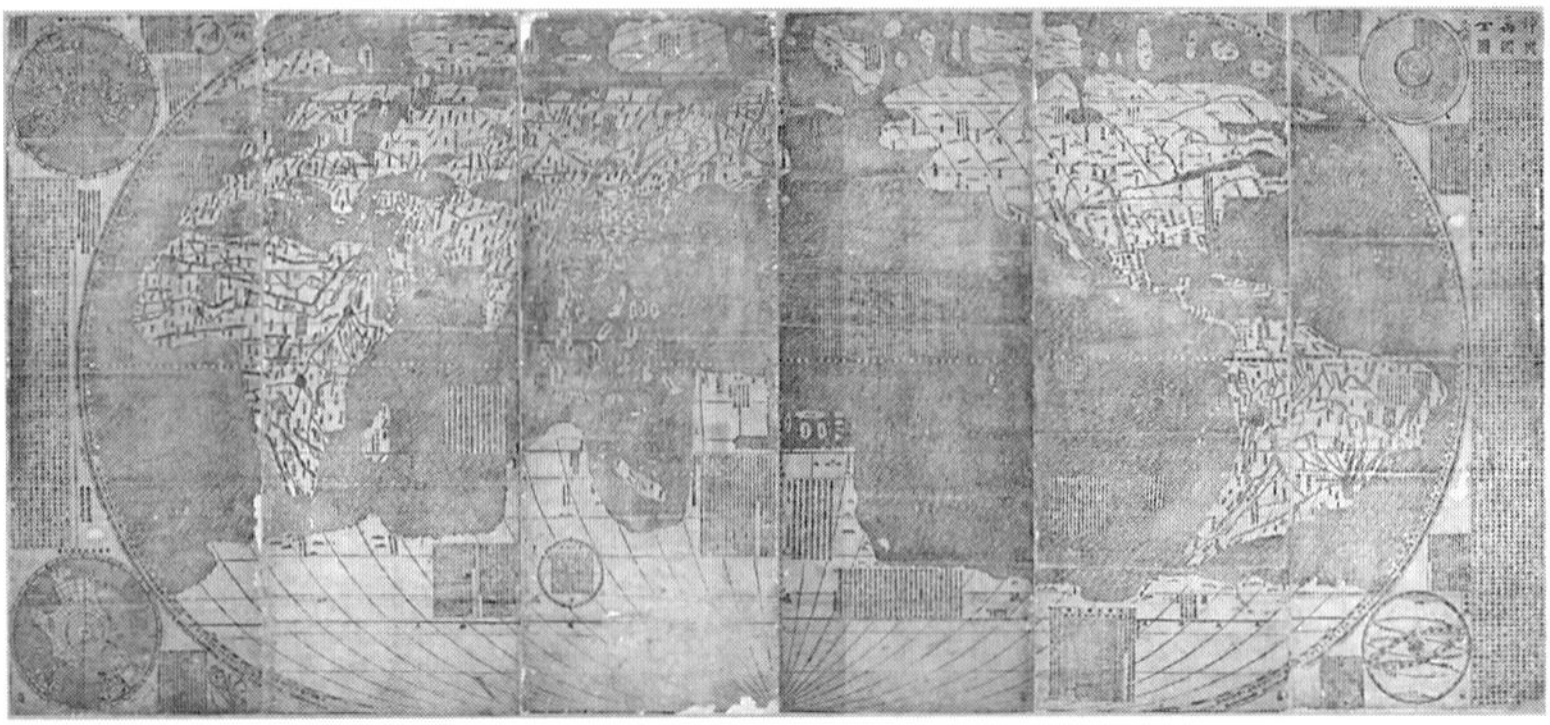

図1　マテオ・リッチ『坤輿万国全図』 京都大学附属図書館所蔵

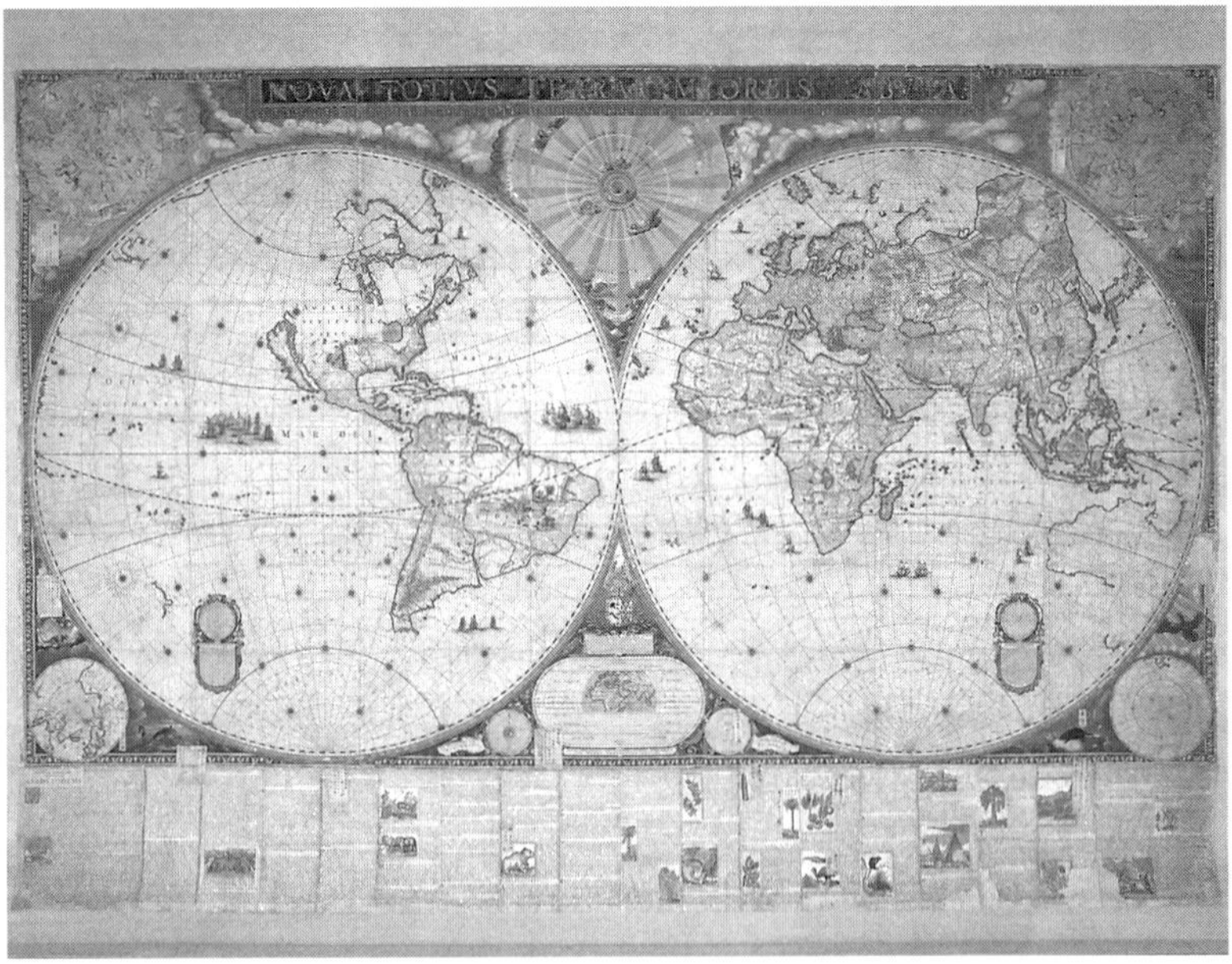

図2　ヨアン・ブラウ『世界図』 東京国立博物館所蔵
（出典：ColBase　https://colbase.nich.go.jp/）

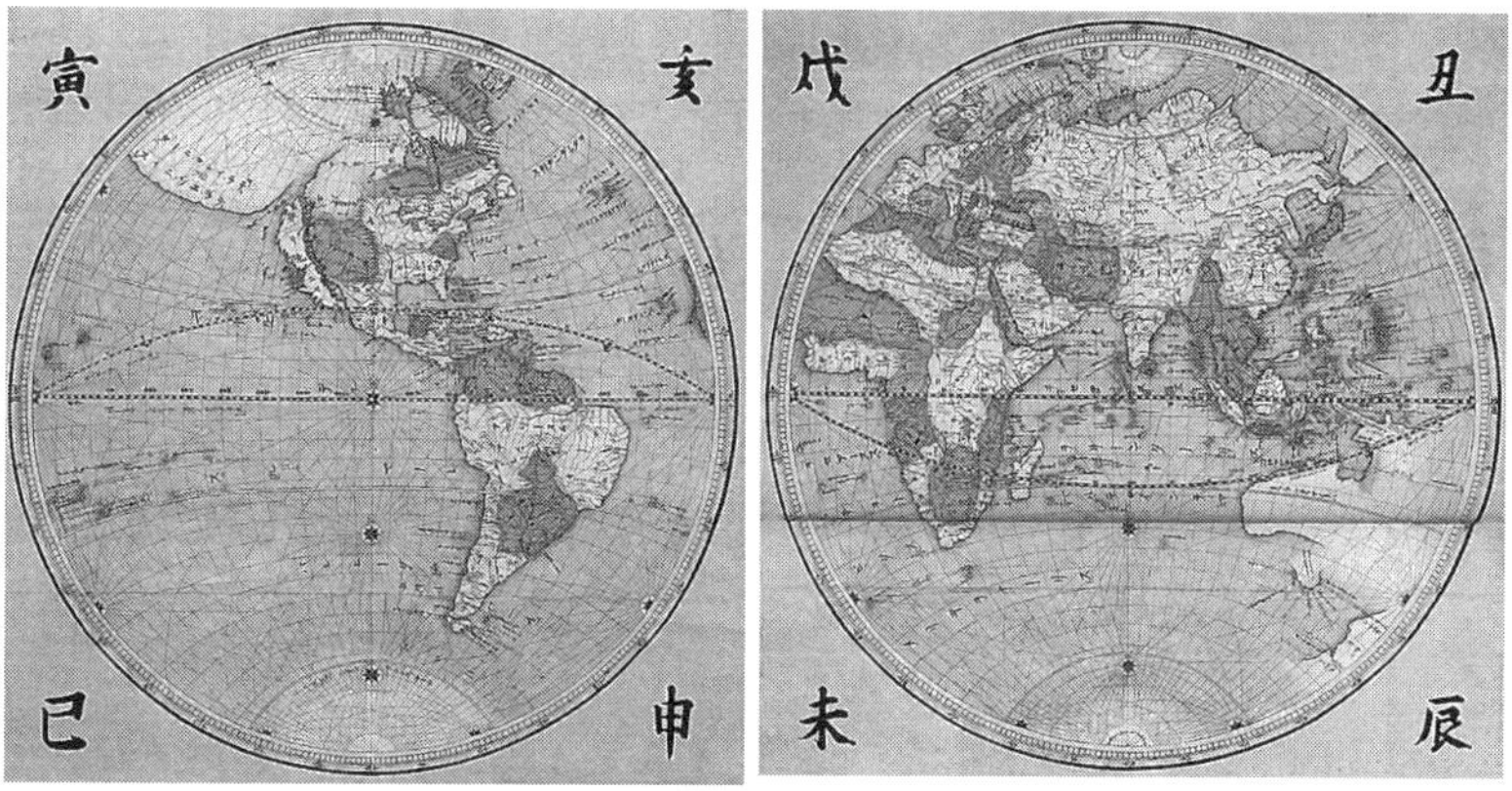

図３　「地理図」　京都大学総合博物館所蔵

京国立博物館に所蔵されている。

日本で製作された両半球を描いた世界地図の最古のものが、元文二～三年（一七三七～三八）頃の成立とされる「和蘭《おらんだ》新定地球図」である。一七〇〇年にアムステルダムでファルク親子（父ヘラルド・ファルク Gerard Valck　一六五一？—一七二六、子レオナルド・ファルク Leonardus Valck　生没年不詳）が製作した地球儀を、長崎の儒者北島見信《きたじまけんしん》（生没年不詳）が平円図化し、地名をカタカナで表記したものである。幕府の書庫に収められ、しかも、オランダ語で書かれたブラウの地図を、見ることができ、かつ、使いこなせる人間はごく限られていただろう。一方、見信の地図は、京都の公家勧修寺《かじゅうじ》家の明和期（一七六四—七二）の蔵本（図３）と、本草学や書画等の収集家として知られる大坂の商人木村蒹葭堂《けんかどう》（一七三六—一八〇二）の天明期（一七八一―一八九）の蔵本が確認されており、各地に写本が広がっていたことがうかがえる。ファルクの地球儀は、平戸の大名松浦静山《まつらせいざん》（一七六〇―一八四一）の収集品を収める松浦史料博物館に所蔵されている。

この他、代表的な世界地理書として、アメリカ大陸に初めて言及した西川如見《にしかわじょけん》（一六四八―一七二四）の『増補華《か》夷《い》通商考』（一七〇八年）や、白石の「采覧異言」「西洋紀聞」（一七一五年）等がある。如見の書が、一六二三年に中国で出版されたイタリア人のイエズス会宣教師ジュリオ・アレーニ（Giulio Aleni 艾儒略《がいじゅりゃく》 一五八二―一六四九）の『職《しょく》方外《ほうがい》紀《き》』（一六二三年）を種本としているのに対して、白石の方は、禁教下の日本に潜入して捕らえられたイタリア人宣教師シドッチ（Giovanni Battista Sidotti 一六六八―一七一四）とオランダ人からの聞き取りを元にしており、同時代の情報を盛り込んだ最新の書であった。

未解決の問題

さて、ベニョフスキーの書簡の読みに取りかかろう。書簡は、「ルス国」と、その軍事拠点「かむしかってか」「クルリイス」の三つの地名に言及していた。

ベニョフスキーの書簡の翻訳に際して通詞が付した「ルス国」の注記を見ると、「ムスカウビヤ国」の別名とある。オランダ風説書には「ムスコウヒヤ」という国名が見え、白石の「采覧異言」では、「エウロパ（ヨーロッパ）洲」の東北にある国として「モスコヒヤ没厮箇未突」があがっている。リッチの『坤輿万国全図』では、アゾフ海の北東に「没厮箇未突」の文字が見え、ブラウの『世界図』では、ウラル山脈の西側に「Moscovie」の名がある。見信の図ではウラル山脈を境に色分けされ、ヨーロッパ側、スカンジナビア半島の付け根の辺りに「ルッシャ」とある。「ルス国」は、「ルッシャ」とも表記され、すでに知られた、しかし、日本から遠く離れたヨーロッパの「ムスカウビヤ」国であった。

では「かむしかってか」はどうか。通詞の注記には、「カムシカッテカはルス国に属す」とある。オランダ風説書では、明和二年（一七六五）から「ムスコウヒヤ」と「カムシカッテカ」の争乱が報告され、明和六年に、「カムシカッテカ」が「ムスコウヒヤ」の支配下に置かれたことが記されている。通詞の注記はこれに重なる。ところが、リッチの図にもブラウの図にも、「カムシカッテカ」にあたる地名は見えない。見信の図にも見あたらず、如見の『増補華夷通商考』にも白石の「采覧異言」にも言及はない。

「クルリイス」について、通詞は、「オランダ人の地図を見てもどこにあるのかわからない」と注記しているが、実際、右に掲げた世界地図はもちろん、風説書にも、地理書にも類する地名は見当たらない。

つまり、ベニョフスキーの書簡が示した地名の内、はっきりしているのはヨーロッパに位置する「ルス国」のみで、「かむしかってか」も「クルリイス」も、どこにあるのかわからないというのが実情であった。ベニョフスキーは何を伝えようとしたのか。そもそもそれは事実なのか。こうして、ベニョフスキーのもたらした日本の北辺に関する きな臭い情報の真偽を確かめることが、政治上・学問上の焦眉の課題として浮上することになった。

もう一つの懸念材料

ベニョフスキーが来航した頃、実は、国内では別の懸念が取り沙汰されていた。蝦夷地での抜荷《ぬけに》の噂である。蝦夷地とは、江戸時代の北海道に対する呼称で、渡島半島の松前氏の支配領域が松前地、それを除く北海道の大半の地域は蝦夷地と呼ばれていた。アイヌの人びとが先住する蝦夷地に対して、本州から移住して土着した人びとが居住する松前地は和人地とも呼ばれた。

江戸時代の大名は一般に、領地から収取される年貢米を主な財政基盤としていたのに対して、松前藩は例外で、その財政を支えていたのは、年貢米ではなく、松前地での漁業をはじめとする生業にかける租税、および、慶長九年（一六〇四）に徳川家康（一五四三―一六一六）が独占を許したアイヌの人びととの交易から得られる利益であった。藩主は与えられた交易権を家臣に分与し、彼らは蝦夷地各地に交易船を派遣した。

アイヌとの交易は、一八世紀に入る頃には、商人が介在するように変化する。まず、交易権を持つ家臣たちが、運上金を上納させる代わりに商人に交易を請け負わせるようになり、一八世紀後期には、藩主の交易も商人請負に移行した。抜荷の噂というのは、商人主体のアイヌ交易が行われるようになった蝦夷地において、アイヌではない別の誰かと交易が行われているというもので、宝暦一〇年（一七六〇）前後には幕府も知るところとなっていた（「蝦夷地一件」）。

幕府が松前藩に許したのはアイヌとの交易であったから、それ以外との交易は抜荷《ぬけに》、すなわち密貿易であり、国内の財を国外に垂れ流す御法度の行為である。その相手が「ヲロシヤ」と判明したのは安永九年（一七八〇）のこと。その情報を大坂の木村蒹葭堂にもたらしたのが、松前藩の元勘定奉行湊源左衛門《みなとげんざえもん》（生没年不詳）であったことから、噂は確度の高い事実と見なされ、「ヲロシヤ」の名が一部に知られるようになった（「蝦夷地一件」）。ただ、先述したいずれの手がかりにも、「ヲロシヤ」の語は見当たらない。この情報をいち早く入手し、日本におけるロシア研究の先鞭を付けた仙台藩医工藤平助《くどうへいすけ》（一七三四―一八〇〇）は、その著「加模西葛杜加《カムサスカ》国風説考」の中で、「物知りの蘭学者に尋ねても「ヲロシヤ」の語を知る者はない」と記している。抜荷の相手「ヲロシヤ」とは一体何者なのか。この解明も一八世紀後期における重要な政治上の課題であった。

ロシアの「出現」

工藤平助、初めてロシアを地図上に描く

ベニョフスキーの来航から一三年後の天明四年（一七八四）、衝撃的な世界地図（図4）が幕府に届いた。工藤平助が「加模西葛杜加《カムサスカ》国風説考」に挿図したものだ。ユーラシア大陸の北部を太い線（実際は朱線）が囲み、その囲みの中には、右から「魯齋亜」の文字が大書されている。大陸東端から突き出た「加模西葛杜加《カムサスカ》」半島と蝦夷地との間には、エトロフ（択捉）・クナシリ（国後）を含む千島列島と思しき島々があり、太線はエトロフまでを囲んでいる。経緯線もなく、旧大陸のみの、稚拙とも言えるこの図を描いた事情を、平助は図の右横に次のように記している。

この図はヲロシヤからカムサスカ、サカリイン（サハリン）までの地形を大まかに示

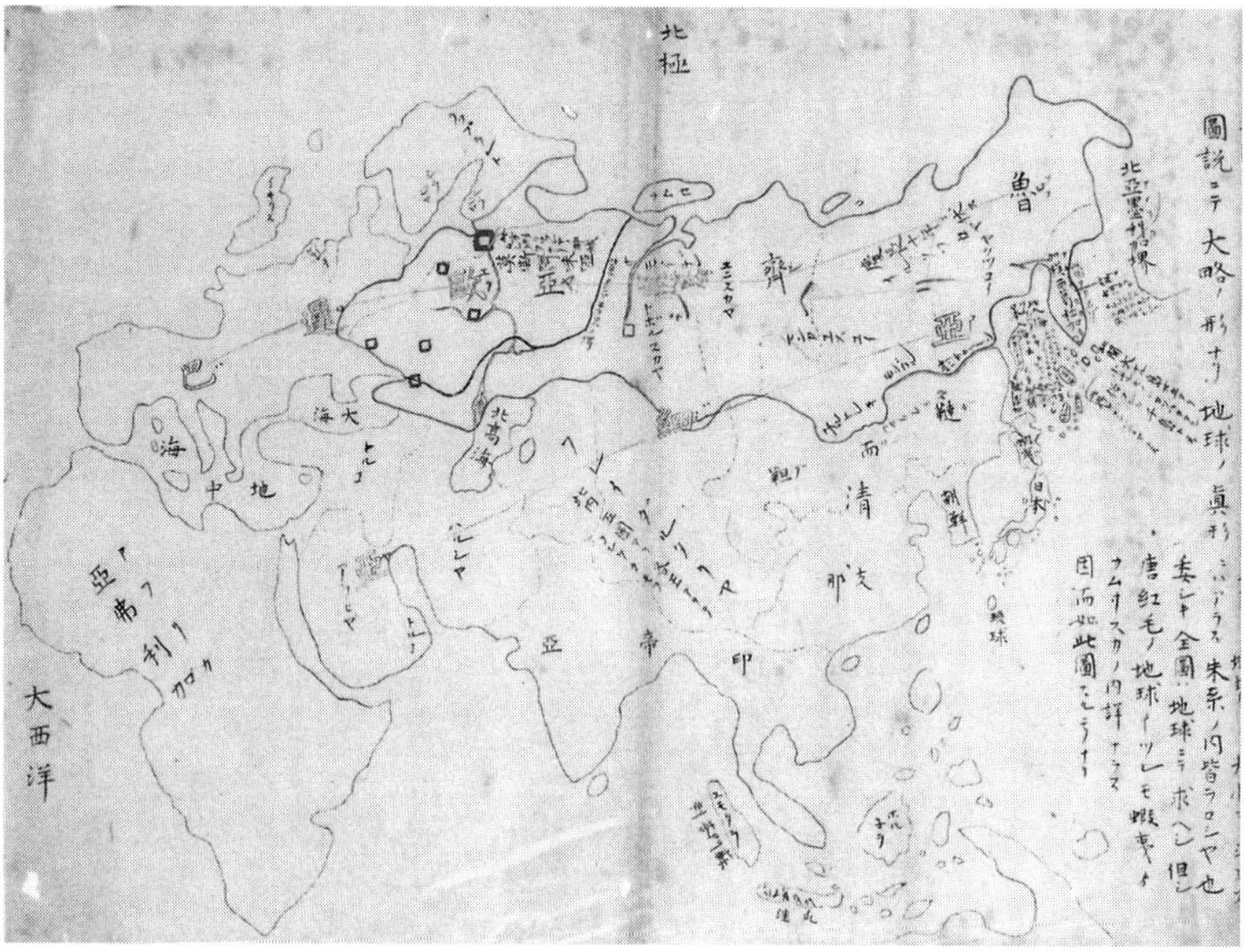

図4　工藤平助「世界図」（松平定信旧蔵「加模西葛杜加記」より　天理大学附属天理図書館所蔵）
図の上部の「魯齋亜」が太線（実際は朱線）で囲まれている.

した図で、正しい形ではない。朱線（図4では太線）の中はすべてヲロシヤである。地球全体を知りたければ、両半球図を見てほしい。ただし、中国やオランダの世界地図では、蝦夷地からカムサスカまでの地理はわからない。だから、このような図を作成したのだ。

工藤は、前述のどの手がかりにもなかった抜荷の相手「ヲロシヤ」の存在をつきとめ、日本で初めて地図上に描いてみせたのだ。また、平助

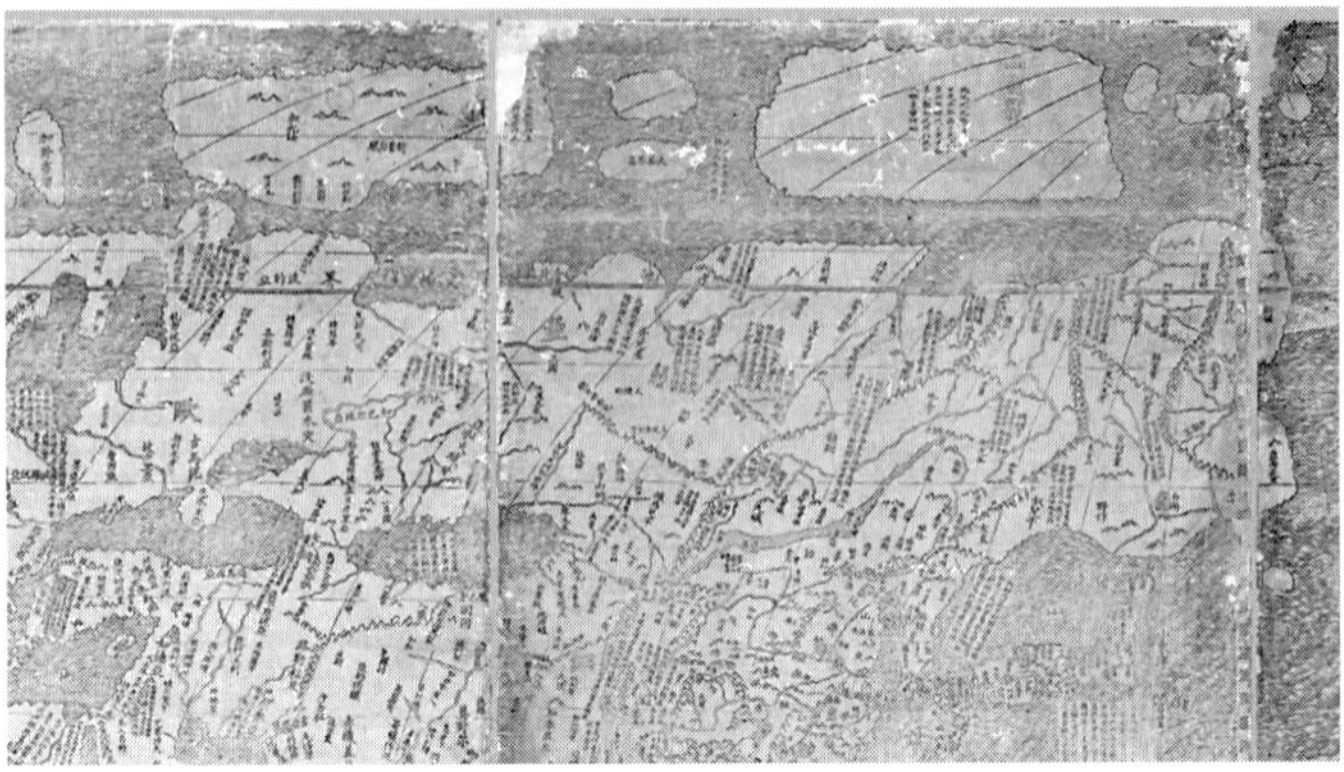

図５　マテオ・リッチ『坤輿万国全図』（部分）　京都大学附属図書館所蔵

図６　ヨアン・ブラウ『世界図』（部分）　東京国立博物館所蔵
（出典：ColBase　https://colbase.nich.go.jp/）

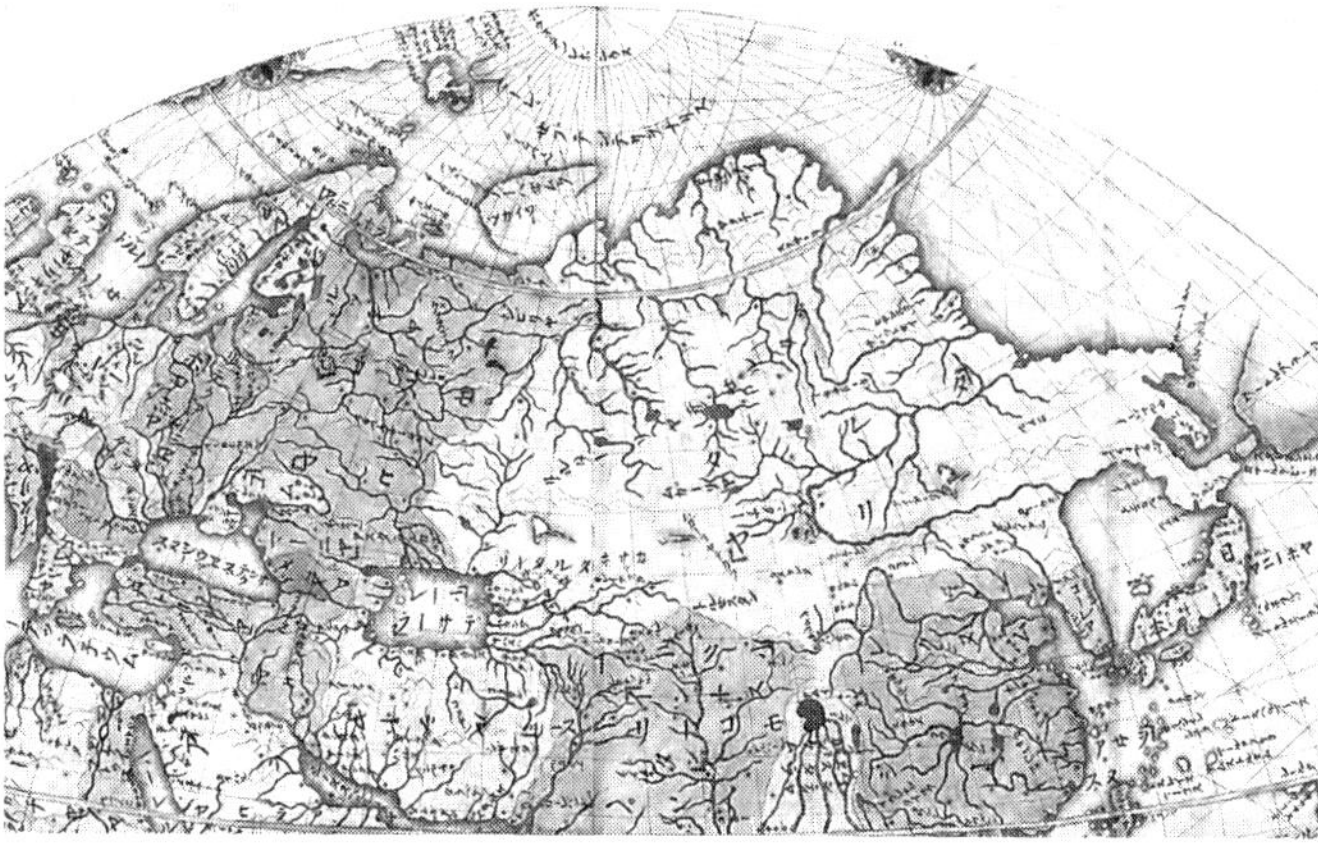

図７　北島見信「和蘭新定地球図」（部分）　大阪府立中之島図書館所蔵

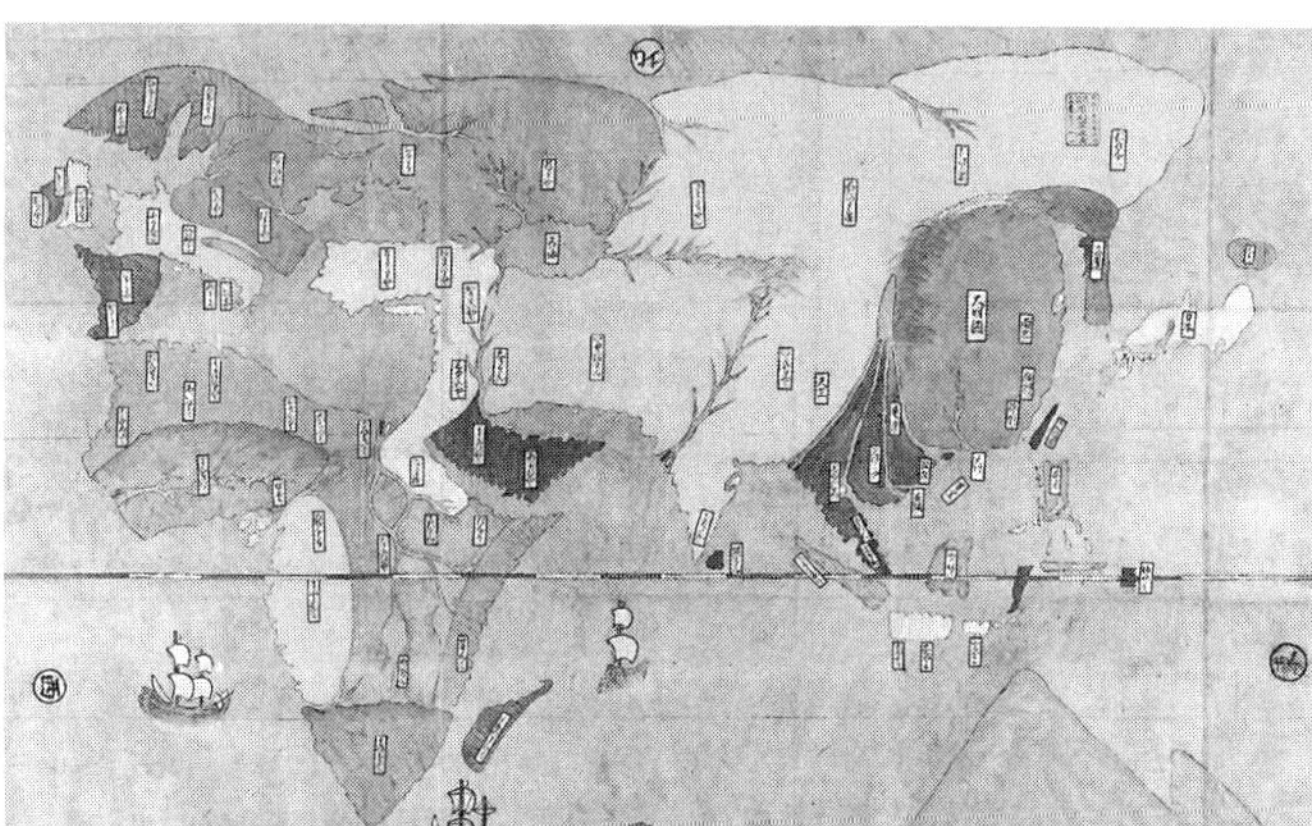

図８　「万国惣図」　山口大学総合図書館所蔵

が記す通り、「加模西葛杜加《カムサスカ》」半島と蝦夷地との位置関係を解明したのも初のことだった。確かにマテオ・リッチ（図5）やヨアン・ブラウ（図6）、北島見信（図7）の図を見ると、この辺りの描写はさまざまである。それはこの地域が、一八世紀末頃までヨーロッパにとっても未知の領域であったことに由来するのだが、平助の地図はそこに切り込む斬新なものであった。

幕府にとってなぜ衝撃だったのかをうかがうには、図8との比較が有効だ。寛永一四年（一六三七）に長崎奉行所で作成されたこの「万国惣図」は、三代将軍徳川家光（一六〇四―五一）がポルトガルとの断交を決める際に参考にされた地図の一つとされる。海洋には、舳《へさき》が東の方向を向いた三艘の帆船がある。ヨーロッパを発した船が、アフリカ南端の喜望峰を回ってアジアへと向かう様子を描いたものだ。つまり、南蛮や紅毛の船は、はるばる海を渡って日本の西南からやってくる、というのが、伝統的な考え方だったのだ。ところが、工藤の図では、ヨーロッパとアジアにまたがる巨大な国家が、日本の北方にでんと構え、しかもその範囲はエトロフまで、蝦夷地の少し先にまで及んでいる。

「ヲロシヤ」はなぜそこにあるのか。平助は次のように概説する。

ヲロシヤは古くはヨーロッパの一国であったが、次第に拡大し、世界の半分を占める国となった。西はヨーロッパ内の隣国を支配下に収め、東はアジアのシベリアの地を残らず服従させ、北アメリカとの境界にあるカムサスカから蝦夷地まで続く島々、そして、カラフト（樺太）の北にある島までを版図に収めた。各地に役人を置き、街道を開き、河川交通を開き、海をわたって貿易をして、大きな財産を築いている。

中国よりもはるかに巨大な国家は、遠いヨーロッパの、南蛮でも紅毛でもない一国が次第に版図を広げ、経済的にも成長を遂げ、今、そこにあるのだ。突如として姿を現した「ヲロシヤ」に対して、幕府はすぐに動いた。何よりそこに「加模西葛杜加《カムサスカ》国風説考」の衝撃の大きさが表れているのだが、政治・外交のその後の展開は次章に譲り、もうしばらく、世界研究の展開についての考察を続けよう。

平助の独自性

「加模西葛杜加《カムサスカ》国風説考」は上巻と下巻からなるが、まず下巻が天明元年（一七八一）に書かれ、上巻が天明三年に成稿した。上巻と下巻の間に挿図された世界図は、本書全体の理解を助けるために作成されたもので、完成したのは上巻と同じ天明三年と考えられる。

下巻はいわば資料編で、オランダから入った世界地理書『ゼオガラヒー』とロシアの歴史書『ベシケレイヒング・ハン・ルユスランド』の記述をもとに、「カムサスカ」をめぐる歴史や地理について記したものである。「カムサスカ」と「ヲロシヤ」の位置を考察した「カムサスカ・ヲロシヤ私考の事」という章に始まり、歴代皇帝の事跡や東漸の歴史を記した「ヲロシヤの記事」「年代の事」「ヲロシヤ開業の次第」の章が続き、平助が湊源左衛門から入手した「松前より写来る赤狄《えぞ》人図説の事」の後、「ヲロシヤ文字の事」と「出産物」までの全七章から成る。上巻は、下巻の考証を踏まえて、カムチャツカに軸足をおいてその変化の歴史をたどり、日本北辺の概況を分析・解説し、これに対する平助の見解を示したものである。

『ゼオガラヒー』とは、ドイツ人ヨハン・ヒュブネル（Johann Hübner　一六六八―一七三二）の著作"Allgemeine Geographie"の蘭訳本で、一七一一年の初版本以来、一七五六年と一七六九年に息子による増補版が出版された。最新版は天明期以降蘭学者たちが盛んに学んだ本であり、蘭学者前野良沢《りょうたく》（一七二三―一八〇三）の所蔵が確認されている。また、『ベシケレイヒング・ハン・ルユスランド』とは、ヨハン・フレデリック・ライツ（Johan Frederik Reitz　一六九五―一七七八）が一七四四年にオランダのユトレヒト大学から出版した"Oude en nieuwe staat van't Russische of Moskovische keizerryk, behelzende eene uitvoerige historie van Rusland en deszelfs groot-vorsten"である。良沢やオランダ通詞吉雄耕牛《よしおこうぎゅう》（一七二四―一八〇〇）の翻訳がある他、地理学者山村才助《さいすけ》（一七七〇―一八〇七）らが言及している。

オランダ語ができなかった平助は、『ゼオガラヒー』や『ベシケレイヒング・ハン・ルユスランド』の内容を把握するにあたって、自らの多彩な交友関係を活かし、良沢や耕牛ら、当時蘭学を先導した学者たちの助けを借りた。しかし、だからといって、本書は単なる蘭書の翻訳ではない。たとえば、カムチャツカの地理や産物に触れた箇所に、平助は、「このゼオガラヒーの説は、松前人の説明と合致しているので、事実と断定できる」と注記している。平助は、「ヲロシヤ」の情報をもたらした松前藩の湊源左衛門と交流があり、松前・蝦夷地に関する詳細な情報を得ていた。平助は、松前発の情報から、蘭書の記述を批判的に検討しなおし、考察を深めたのである。

ベニョフスキーの来航後、長崎では、本木良永《もときりようえい》（一七三五―九四）や松村元綱《まつむらげんこう》（生没年不詳）らオランダ通詞によって、オランダから輸入した地理書の翻訳作業が積極的に進められ、北辺情勢の客観的把握という緊急の課題に向けて多くの力が費やされていた。「加模西葛杜加国風説考」もその一つの試みであったが、単なる西洋の知識の学習というだけでなく、松前発の知識を総合して、確かな事実に近づこうとしたところに、本書の最大の特色があった。

「加模西葛杜加国風説考」の功績

「加模西葛杜加《カムサスカ》国風説考」の最大の功績は、「ヲロシヤ」の解明のみならず、ベニョフスキーの残した宿題、すなわち、「かむしかってか」はどこにあり、「ルス国」とどのような関係にあるのかを解明したことである。

平助は、「加模西葛杜加《カムサスカ》」の地名について次のように説明する。少し長いが、平助の発想の面白さを示すところでもあるので、紹介しよう。

世界地図の漢字表記加模西葛杜加《カムシカトカ》は、オランダ語で表記されたKAMSCHATKAに漢字を当てたものである。それは、中国人がどう読まれるかを知らないからだ。実際にこれを発音すれば、カムシカトカではなくカムサスカとなる。蘭学を学ぶ時は、外国人の語音が様々であることをよく心得るべきである。ムスコヒヤとヲランダは隣国だが全然違う。中国と日本はなおさらだ。たとえば、ホトトギスの鳴き声を書き留めるにしても、「ほんそんかけた」とか、「てつへんかけたか」とか、「不如帰」とか、「郭公」とか、聞く人によって様々で、いずれも本物のホトトギスの鳴き声そのままではない。カムサスカという表記も同じで、松前の人の耳にカムサスカと聞えるのなら、それを尊重してカムサスカと記す方がよい。オランダの書物にKAMSCHATKAと書いているからといって、そう記すのが正しいというわけではない。HOLLANDERと書かれたものが日本人にはヲランタと聞こえ、中国人には和蘭《ワウラン》と聞こえるのと同じである。だから、カムサスカと記して問題はない。

漢語表記された「加模西葛杜加」も、松前の人の言う「カムサスカ」も、したがって、オランダ通詞が音訳した「かむしかってか」も、同じ蘭書のKAMSCHATKAのことである、というのが平助の結論であった。「加模西葛杜加《カムサスカ》国」に関する風説をめぐる考察というタイトルが表す通り、本書執筆の目的は、ベニョフスキーが松前に近い「ルス国」の軍事拠点と知らせた「かむしかってか」の地勢と現状の解明にあった。

ここまで何の断りもせず「加模西葛杜加《カムサスカ》国風説考」の名を用いてきたが、実は、同書は「赤蝦夷《あかえぞ》風説考《ふうせつこう》」という名で古くから知られてきた書物である。教科書にもそう書いてある。いろいろな事情があって誤称が普及したのだが、本来の書名は、当時の人びとにとって何が最も深刻な問題だったのかをよく伝えている。

さらに、この発想の転換、発音される音への着目は、平助に「ヲロシヤ」の発見を可能にさせた。世界図（一七頁図4）に平助が大書した「魯齋亜」の「魯」の字には小さく「ヲロッ」と振り仮名がふってある。平助は、「ヲロシヤ」の「ヲロ」が「転舌のル」、すなわち巻き舌で発音されたRの音をそのままうつしとったものと考えた。松前の人が「ヲロッシャ」と聞きとり「ヲロシヤ」と書き記したというのだ。こうして、通詞が「ルス国」と表記し、北島見信が「ルッシャ」と表記した「RUSLAND」や「RUSSIA」が、「ヲロシャ」と同一であるという結論に達したのである。

『ゼオガラヒー』に収載された世界図（図9）から、平助は、「Kamschatka」すなわち

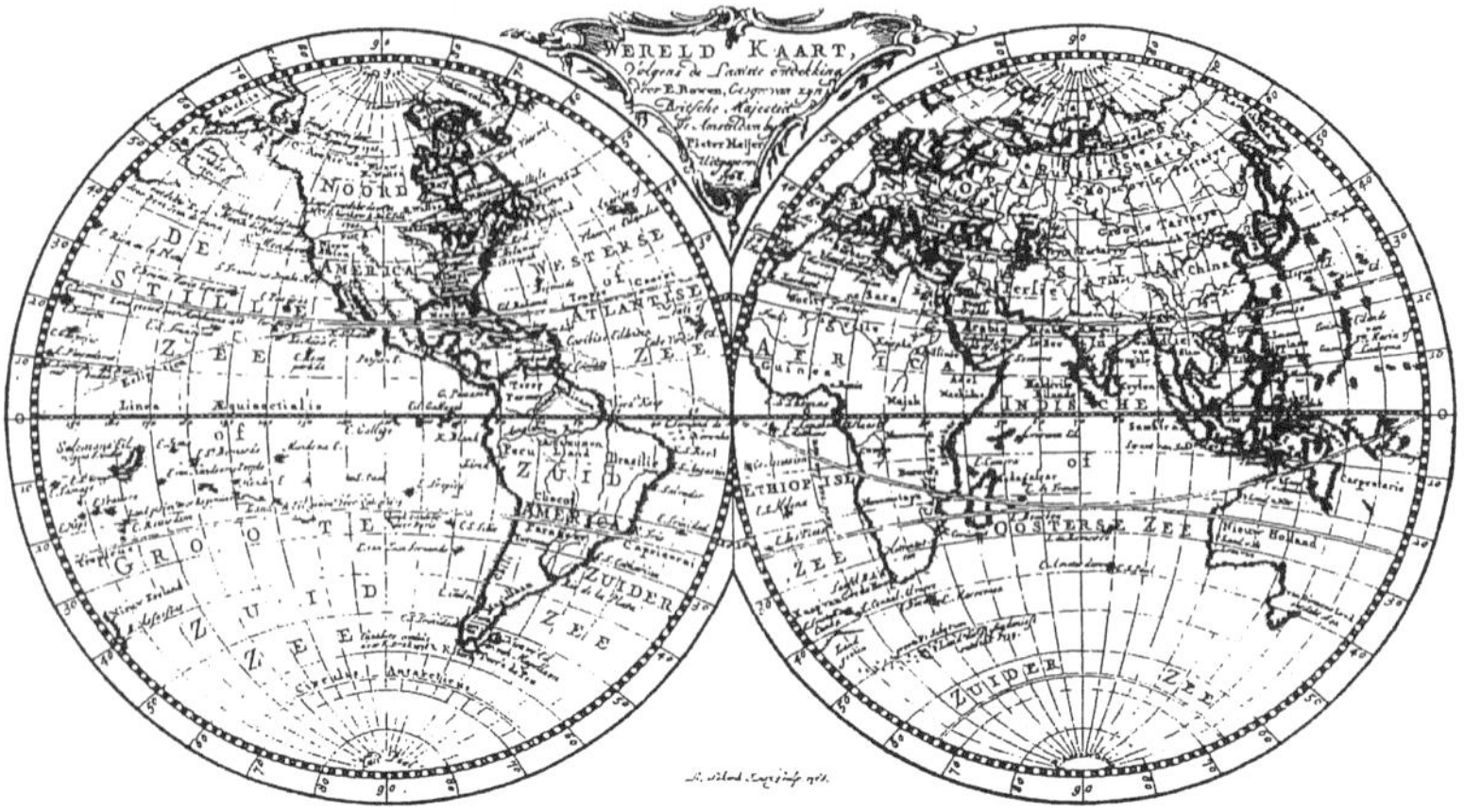

図９　『ゼオガラヒー』所載の世界図　国立国会図書館所蔵

「カムサスカ」の位置を把握し、ユーラシア大陸北部に大書された「Russise Staaten」すなわち「ヲロシヤ」との関係を読み解いた。オランダ語が読めなかったからこその気づき、オランダ語の読み書きに熟達した者にはない発想の賜物であったといえるだろう。

「ルス国」は「ヲロシヤ」でロシア、「かむしかってか」はカムチャツカ。現代の世界地図が頭に染みこんだ私たちは、容易にそう類推することができる。しかし、その常識がなかったらどうだろう。オランダ語の辞書もなく、情報はごく限られた中、それらが何であるのかを確かめることは至難の業であったはずだ。平助が「ヲロシヤ」の存在を明らかにして以降、日本では世界への関心が一気に高まり、蘭学者を中心に研究が進んだ。こうした知的営為が、当時の世界の構造的理解につながったことは銘記しておきたい。以下、平助への敬意を込めて、「ヲロシヤ」にはロシアを、「加模西葛杜加《カムサスカ》」「かむしかってか」にはカムチャツカを用いることとしよう。

残された課題

画期的成果をあげた平助であったが、ベニョフスキーの宿題をすべて解決できたわけではなかった。カムチャツカと同じく軍事拠点としてあげられた「クルリイス」を、平助は、カムチャツカ半島の南端にオランダ語で「クル」と表記される土地があるとし、そこに比定している。

「クルリイス」がカムチャツカと蝦夷地をつなぐ千島列島（ロシア語ではКурильские Острова、英語ではKuril Islands）であることが解明されたのは、寛政元年（一七八九）に成立した「柬砂葛記《かんさつか》」においてである。前野良沢が『ゼオガラヒー』からカムチャツカに関する部分を抄訳したもので、「クリルの諸島」すなわち千島列島が、カムチャツカ半島から日本までの間に約二五島以上あり、「クルリイス」は「半島南端とこれらの島々に居住する人びとである」と記されている。良沢には「柬砂葛記」とほぼ同内容の「柬察加志《かんさつか》」（一七九一年）と題する書物もあって、前者を草稿とみなす説もあるが、後者はある大名の求めに応じて書き直したものであり、「クルリイス」問題の解決は寛政元年とみなし得る。

「赤蝦夷」をめぐる平助の説も後に修正された。平助は、「アカエゾ」を、カムチャツカ半島とそこに住む先住者と考えたのに対して、最上徳内《もがみとくない》（一七五五―一八三六）は「赤蝦夷風説考」（一七八六年以降）を著し、「アカエゾ」をカムチャツカ土着の人びとではなく、「ムスカウビヤ」からやってきた人びと、すなわち、ロシア人であるとして、平助の「アカエゾ」理解を否定した。その根拠は、アイヌからの情報であった。天明五年（一七八五）から六年にかけて、幕府による蝦夷地見分に参加した徳内は、現地でアイヌ語を学び、直接アイヌの人びとから情報を集めることにつとめた。見分はエトロフに達し、徳内は、アイヌ語で「フウレイシャム」、和訳では「赤蝦夷」「赤人」とされたロシア人との対面を果たしている。徳内の「赤蝦夷風説考」は、実見を踏まえたロシア論であった。

ところで、徳内がエトロフへと歩を進めたのは、「加模西葛杜加《カムサスカ》国風説考」の挿図、すなわち、エトロフまでをロシアの版図に含めた工藤の世界図が、幕府にロシアの勢力がどこまで及んでいるのかを見きわめる必要を突きつけたからに他ならない。天明期以降、日本北辺の情勢把握は、文献による分析だけでなく、幕府の役人が蝦夷地に入り、直接現地の情報を収集することにより深化していった。

ポスト「加模西葛杜加国風説考」

「加模西葛杜加《カムサスカ》国風説考」後の、世界研究の動向をたどろう。

表1は、『鎖国時代日本人の海外知識—世界地理・西洋史に関する文献解題—』（一九七八年）巻末の文献年表より、江戸初期から享和二年（一八〇二）までの間に成立した、地図を含む世界の地理にかかわる文献の数を整理したものである。同書はすべての文献を網羅しているわけではないが、江戸時代の文献を概観するには有用な書物である。享和二年までを対象としたのは、この翌年に、江戸期の世界理解を刷新した山村才助の「訂正増訳采覧《ていせいぞうやくさいらん》異言《いげん》」が完成し、フェーズが変わるためだ。この約二〇〇年間を、ベニョフスキー来航の前年までの第一期、来航から天明二年（一七八二）までの第二期、「加模西葛杜加《カムサスカ》国風説考」が成立した天明三年以降の第三期の

表１　世界の地図・地理書数

	時　　期	点数	年平均
第１期	元和４年(1618)～明和７年(1770)	31点	0.2点
第２期	明和８年(1771)～天明２年(1782)	10点	0.9点
第３期	天明３年(1783)～享和２年(1802)	52点	2.6点

『鎖国時代日本人の海外知識』巻末年表より作成.

表２　天明３年～享和２年成立の世界の地図・地理書の詳細

テーマ	件　数		出版数
ヨーロッパ		22	5
（内訳）	ロシア	15	1
	ヨーロッパ	3	2
	オランダ	3	2
	イギリス	1	0
世界地図		15	13
世界地理		12	6
その他		3	2

『鎖国時代日本人の海外知識』巻末年表より作成.

三段階に分けて文献数を比較すると、第三期の増加が著しい。

第三期には、寛政四年（一七九二）にロシア使節ラクスマンがネモロ（根室）に来航したが、その年までの文献数は二五点、翌年以降は二七点で大きな差はない。「加模西葛杜《カムサスカ》加国風説考」の衝撃が、ロシア使節の初の来航にも匹敵する大きさであったことがうかがえる。実際、第三期のテーマの傾向を表2で見ると、ヨーロッパに関する書物が最も多く、中でも、ロシアの文献が群を抜いている。一方で、世界全体を対象とする地図や地理書の数も多い。ロシアへの関心の高まりに併行して、ヨーロッパ、ひいては、世界への関心が高まっていたといえるだろう。

表には示さなかったが、作者の居住地では、第二期は長崎が半数を占める。ベニョフスキーの書簡を解釈するためにオランダ通詞が研究を進めていたことによる。一方、第三期では、三〇点ほどが江戸で書かれ、それに次ぐのが上方で七点、長崎での著述はわずか三点に過ぎない。第三期のロシア・世界研究の中心は江戸であった。

言論弾圧と出版への影響

第三期の特色を出版に注目してもう少し見ていこう。表2を見ると、世界地図は九割近くが出版されているのに対して、世界地理書の出版は五割で、ヨーロッパをテーマにした出版は二割、ロシア関連の出版はわずか一点に過ぎず、一割に満たない。実は、刊行された世界地図にしても、中国の伝統的な世界地図、マテオ・リッチやヨアン・ブラウの世界図の系統など内容はさまざまだが、いずれにも工藤平助がつきとめたロシアの姿はない。

単純に作者がロシアの存在を知らなかったとも考えられるが、知っていながらあえてロシアへの言及を避けた地図がある。司馬江漢《しばこうかん》（一七三八―一八一八）の『地球全図』（一七九三年）だ（図10）。日本初の銅版印刷の世界地図として知られる同図では、カムチャツカ半島付近のオホーツク海上に、「ヲロシヤ人をエゾ人は赤人と呼ぶ」との記載があり、江

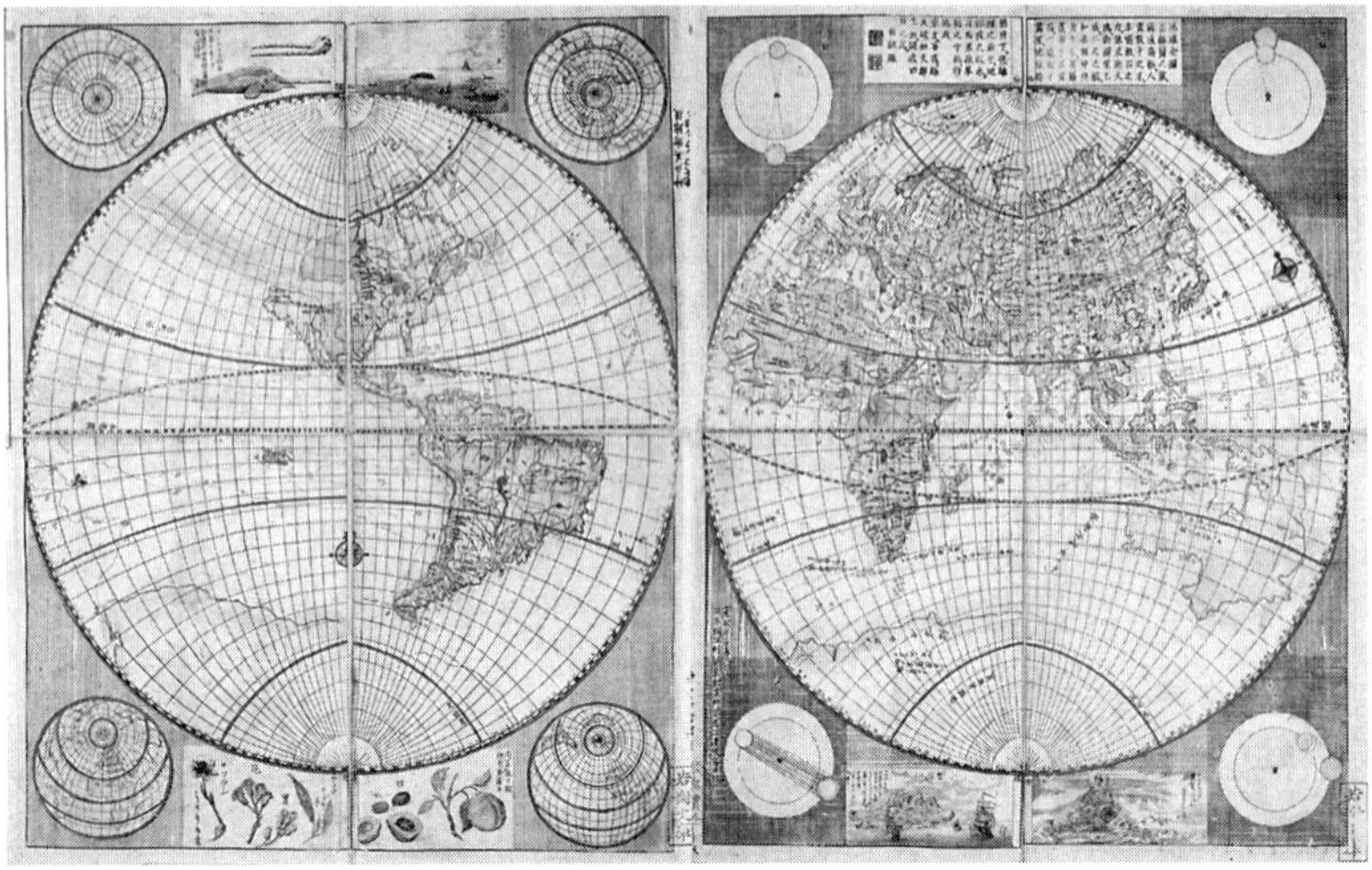

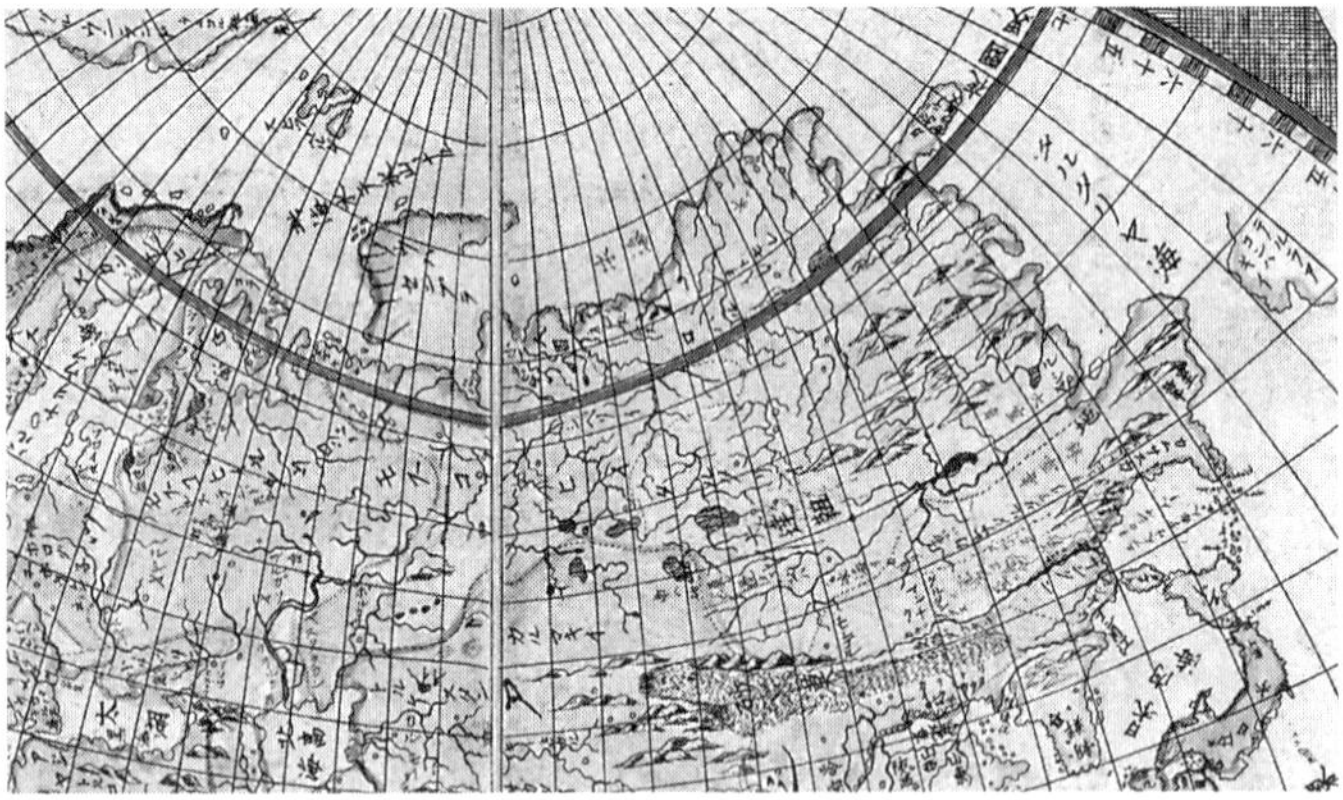

図10　司馬江漢『地球全図』　神戸市立博物館所蔵　Photo：Kobe City Museum／DNPartcom
上＝全体　下＝部分

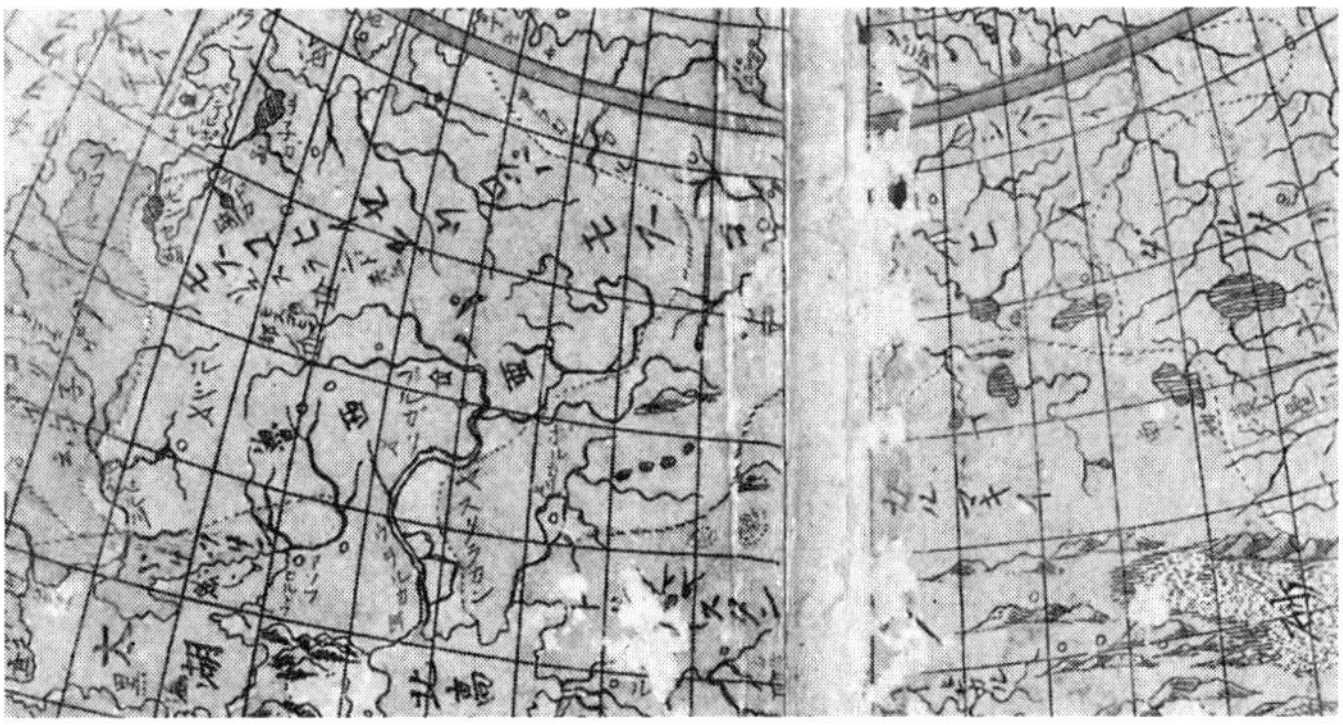

図11　本多利明訂『地球全図』（部分）　横浜市立大学所蔵
左側に「魯西亜」と横転して記されている.

漢がロシアの存在を認識していたことは明らかだ。

ところが、ユーラシア大陸の北部は、北島見信の世界図（一九頁図7）と同様ウラル山脈で色分けされ、ヨーロッパの側に「モスコヒイセエウロッパ」「リユスランド」「ルシヤ」の語が見え、カムチャツカ半島の付け根辺りに「ルシヤの地」とあるものの、「ヲロシヤ」の語はない。要は、「加模西葛杜加《カムサスカ》国風説考」以前に逆戻りにしているのだ。

「ヲロシヤ人」と書きながら、「ヲロシヤ」がどこにあるのかがわからない奇妙な地図。本多利明《りめい》（一七四三―一八二一）がこれを改訂した寛政八年（一七九六）の版では、ヨーロッパ側に「魯西亜」の語が追記された（図11）。しかし、振り仮名はない。これを「ヲロシヤ」と読むことを知っていればともかく、知らなければ「ヲロシヤ人」

の国を探してもどこにも見当たらないことに変わりはない。利明は、ロシアの接近にいち早く警鐘をならし、人脈を使って弟子の最上徳内を蝦夷地見分に参加させた人物で、徳内の「赤蝦夷風説考」の校訂者でもあった。その利明が、「ヲロシヤ」と記さなかったのはあまりに不自然と言わざるをえない。

同図とセットで出版された解説本『地球全図略説』の寛政九年の改訂版には、「莫斯哥未亜《モスコビヤ》」は「リユス」であり「魯西亜《ヲロシヤ》」であるとの説明があり、「魯西亜《ヲロシヤ》」の東方進出への言及もある。利明が校訂した世界地図と合わせ読めば、ロシアの動向をうかがうことはできる。しかし、どこまでがその版図なのかはやはり明言されてはいない。なぜなのか。

それは、幕府が林子平《しへい》（一七三八―九三）の描いた地図を誤りと断じていたからである。日本北辺への関心を平助と共有していた子平は、『三国通覧図説』（一七八六年）と『海国兵談』（第一巻一七八七年、全巻一七九一年）の二著を出版し、ロシアの脅威とその対策のための海岸防備の必要を説いた。『海国兵談』全編が出版された寛政三年の暮れ、子平は幕府に召喚され、翌年、在所蟄居《ちっきょ》の処分を受けた。外国が襲ってくると根拠のない話を書いたこと、国の軍事に言及したこと、誤った地図を附属させて出版したことが理由であった（『楽翁公伝』）。版元の須原屋も同じく処罰の対象となり、版木は没収された。子平は

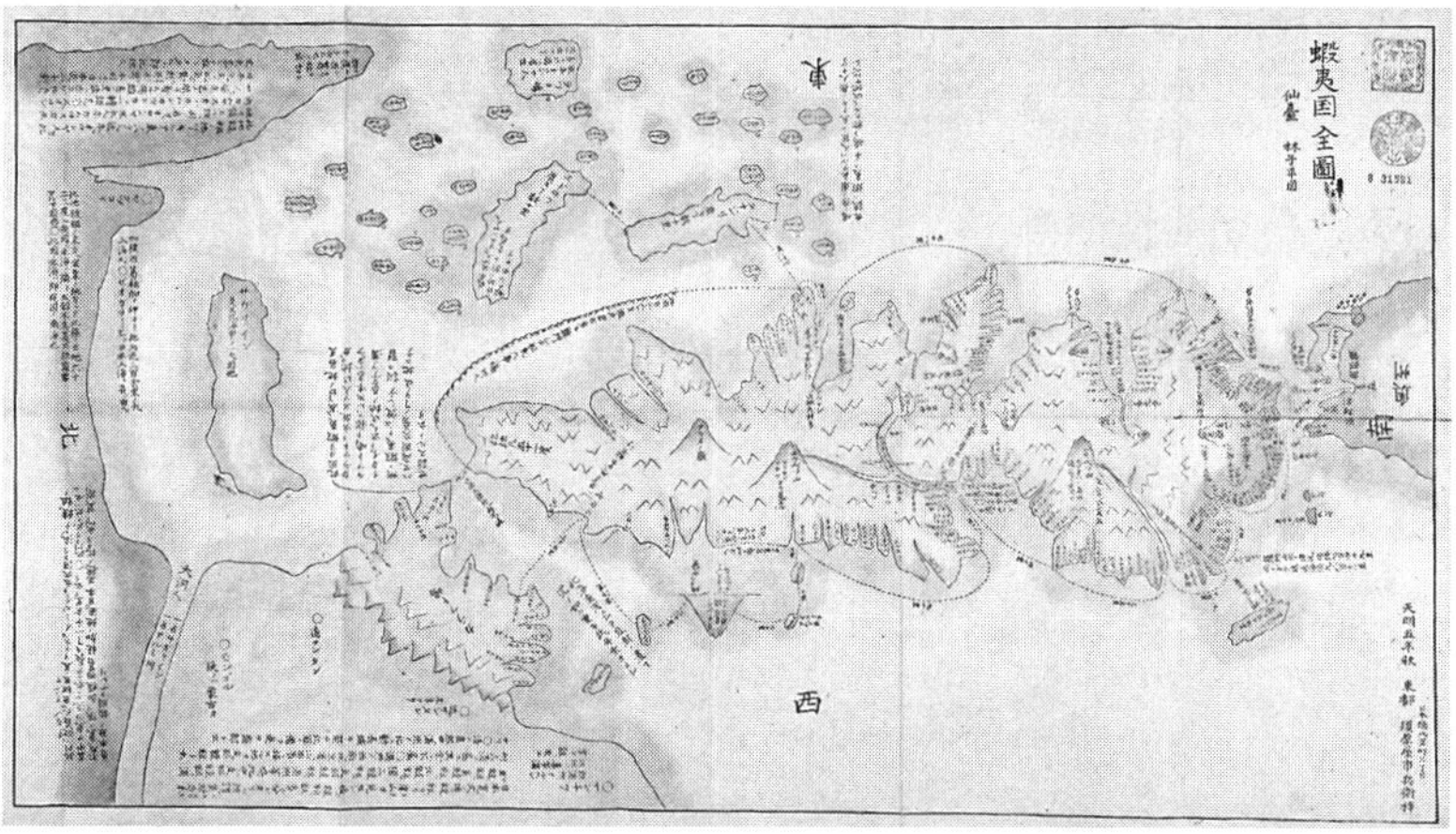

図12　林子平『蝦夷国全図』　東京大学総合図書館所蔵

故郷の兄に預けられ、翌年、失意のうちに亡くなっている。ちなみに、第三期に出版されたたった一つのロシア関連の書物（三〇頁表2）とは、実はこの『三国通覧図説』であった。

同書に子平が付した地図は五枚。その内『蝦夷国全図』（図12）には、図の左上のカムチャツカ半島上に、近年「ヲロシヤ」の支配下に置かれたこと、「ヲロシヤ」とは「ムスカウビヤ」が東方へと版図を広げた国の名であることが明記されていた。江漢は、販売はせず、大名にのみ提供するという条件で、時の老中松平定信（一七五八―一八二九）の内諾を得て、『地球全図』を出版した（第三章第一節「司馬江漢と本多利明」）。江漢は、そして利明は、子平の処罰を念頭に、幕府をはばかって、地図上に「ヲロシヤ」という国名とその版図を記すことを控えたのだ。

刊行された世界地図に巨大ロシアが描かれるのは、文化七年（一八一〇）に原図が完成した『新訂万国全図』（一四四頁図26）が最初である。幕府の命を受けて天文方の高橋景保《かげやす》（一七八五—一八二九）が作ったこの地図により、ようやくロシアの存在は公認されたといえるだろう。第三期は、ロシアの存在を公然と論じることのできない状況の下、ロシアと世界に対する知識が静かに蓄積された時期であった。

研究の担い手—工藤平助を囲んで—

第三期に世界研究を担ったのはどのような人びとだったのだろうか。

図13は、工藤平助の周囲に、平助と関係の深かった五人をならべ、さらにその五人がこの時期の研究の担い手とどうつながっているのかを、知り得た限りで図示したものである。いずれもさまざまな分野の著述を残しているが、ここでは世界地理の仕事にしぼって、研究の担い手の人となり、そして、相互の関係を見ていこう。

前野良沢《りょうたく》（一七二三—一八〇三）が、「加模西葛杜加《カムサスカ》国風説考」に大きく貢献したことは先述した。平助と年来の友人であったことは、良沢が、大槻玄沢を平助に引き合わせた事情から広く知られている。中津藩医の良沢は、最初青木昆陽《こんよう》（一六九八—一七六九）にオランダ語を学び、明和七年（一七七〇）に長崎に遊学。オランダ通詞吉雄耕牛らに学ん

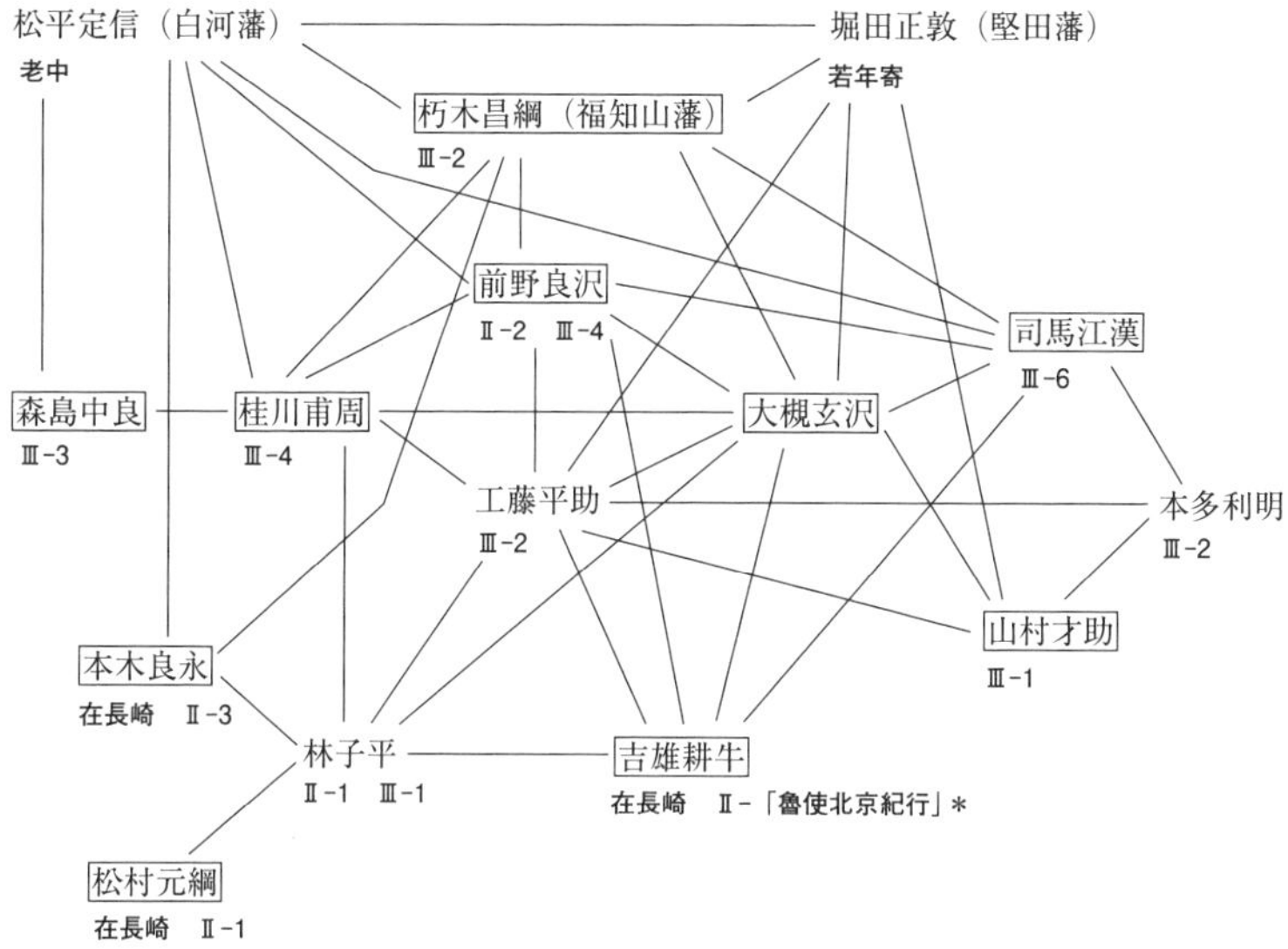

図13　世界研究の担い手の相関図

□は蘭学者.
「Ⅱ-○」「Ⅲ-○」は，第二期，第三期の別と著作数を表す.
＊は，『鎖国時代日本人の海外知識』巻末年表には不掲載.

だ。翌年、江戸千住小塚原《せんじゅこつかっぱら》で行われた死刑囚の解剖に立ち会ったことをきっかけに、長崎から持ち帰った『ターヘル＝アナトミア』（“Ontleedkundige Tafelen”（一七四三年））の翻訳に着手し、杉田玄白《げんぱく》（一七三三―一八一七）や中川淳庵《じゅんあん》（一七三九―八六）らとともに『解体新書』（一七七四年）を完成させたことはつとに知られている。この他、一六九二年にパリで出版された地図帳の翻訳「輿地図編《よちずへん》小解《しょうかい》」（一七八二年）や

「魯西亜本紀」（一七八三年）、「柬砂葛記《かんさつか》」（一七八九年）など、第二期から第三期にかけてのものである。

良沢が残した著作は、図に掲げた人物の中で最も多い。

良沢と同じく「加模西葛杜加《カムサスカ》国風説考」に協力した吉雄耕牛《よしおこうぎゅう》（一七二四—一八〇〇）も、平助とは親密な間柄で、そのことは、平助の娘只野真葛《ただのまくず》（一七六三—一八二五）の「昔ばなし」に詳しい。長崎のオランダ通詞の家に生まれた耕牛は早くから家業に携わり、寛延元年（一七四八）から寛政二年（一七九〇）頃まで通詞の最高職である大通詞をつとめた。オランダ商館長の江戸参府に随行し、たびたび江戸を訪れている。数々の輸入品で洋風にしつらえた自宅二階の部屋はオランダ座敷と呼ばれ、長崎を訪れる多くの文人・墨客が立ち寄った。第二期の著述に「魯使北京紀行《ろしぺきんきこう》」（一七七八年）がある。

大槻玄沢《げんたく》（一七五七—一八二七）は、良沢の元で蘭学を学んでいる時に平助と知り合い、平助の尽力で江戸遊学の期限が一年延びたとの逸話がある。また、平助の推薦で仙台藩医に召し抱えられるなど、玄沢にとって平助は恩人というべき存在であった。玄沢は、仙台藩の支藩一関《いちのせき》藩医の子に生まれ、江戸に出て、玄白と良沢に蘭学を学んだ。福知山《ふくちやま》藩主朽木昌綱《くつきまさつな》の助力を得て長崎に留学し、耕牛や本木良永に師事した。江戸に戻ると蘭学塾芝《し》蘭堂《らんどう》を主宰し、入塾者は一〇〇名を超えたとされる。「訂正増訳采覧異言」の山村才助、寛政八年（一七九六）に『喎蘭《オランダ》新訳地球全図』を刊行した橋本宗吉《はしもとそうきち》（一七六三—一八三六）

は門弟である。司馬江漢は玄沢を世界地理に疎《うと》いと揶揄《やゆ》したが、文化期（一八〇四―一八）には、仙台藩とゆかりの深い若年寄堀田正敦《まさあつ》の外交ブレーンとして、ロシア使節レザノフが送還した漂流民からの聞き取り「環海異聞《かんかいいぶん》」（一八〇七年）やイギリスの動向を分析した「捕影問答《ほえいもんどう》」（一八〇七年）等をまとめている。

林子平《しへい》（一七三八―九三）は、平助に兄事し、ロシアへの関心を強めたとされる。子平は、幕臣の子に生まれたが、父が浪人したため、兄とともに叔父林従吾《じゅうご》（生没年未詳）に養われ、林姓を名のった。兄嘉膳《かぜん》（生没年未詳）が仙台藩医となったのに伴い仙台に移るも、子平が召し抱えられることはなかった。浪人の自由さゆえか、安永四年（一七七五）から天明二年（一七八二）にかけて三度長崎に赴《おもむ》き、オランダ人と交流するとともに、本木良永や松村元綱による蘭書からの各種の翻訳物を書写している。ベニョフスキー来航後の最新の研究成果を学ぶ旅であった。『海国兵談』の刊行費用は、この時の見聞をもとにした『阿蘭陀船図説《おらんだせんずせつ》』（一七八二年・一七九〇年）を二度にわたり出版してまかなった。平助はこれに協力し、同書に序文を寄せている。

桂川甫周《かつらがわほしゅう》（一七五四―一八〇九）についても、たびたび平助の家を訪れる間柄であったことを、真葛が書き留めている。甫周は、幕府の奥医師桂川家の三代目甫三《ほさん》（一七二八―八三）の長子。良沢が主宰する『ターヘル＝アナトミア』の翻訳に若くして参加し、玄白から俊英ぶりを絶賛されている。天明六年に第一〇代将軍徳川家治《いえはる》（一七三七―八六）が死去すると奥医師の任を解かれ、寛政五年に次の将軍家斉《いえなり》（一七七三―一八四一）の奥医師に復帰するまで、ブラウの地図や『ゼオガラヒー』をはじめとする蘭書を読み解き、世界地理研究を進めた。また、ロシアへの関心を平助や子平と共有し、弾圧の対象となった子平の『三国通覧図説』に序文を寄せている。第三期の著述に「魯西亜志」（一七九三年）があるが、これは、寛政四年にラクスマンが来航した際、老中松平定信に命じられ、『ゼオガラヒー』からロシアにかかわる部分を抄訳したものである。他に、ブラウの地図から地誌を翻訳した「新製地球万国図説」（一七八六年）や、ロシアから帰還した漂流民大黒屋光太夫《だいこくやこうだゆう》（一七五一―一八二八）からの聞き取りに緻密《ちみつ》な考証を加えた「北槎聞略《ほくさぶんりやく》」（一七九四年）がある。

研究の担い手―身分の壁を超えて―

工藤平助の周囲の五人から広がる人的ネットワークを、さらにたどってみよう。

朽木昌綱《くつきまさつな》（一七五〇―一八〇二）は、福知山藩の第八代当主で、前野良沢の下で大槻玄沢らとともに蘭学を学んだ。玄沢の長崎遊学を援助したのはこの縁による。元オランダ通詞荒井庄十郎（生没年不詳）を助手に得て、第三期には、ヨーロッパの硬貨に関する『西洋銭譜《せんぷ》』（一七八七年）とヨーロッパの地誌『泰西輿地図説《たいせいよちずせつ》』（一七八九年）を出版した。昌綱は、天明元年（一七八一）に、江戸に滞在中の吉雄耕牛から、『ベシケレイヒング・ハン・ルユスランド』を買い上げ、前野良沢に下賜した。良沢の第三期の著述「魯西亜本紀」（一七九三年）は同書からの訳出であり、平助が「加模西葛杜加《カムサスカ》国風説考」で参照したのも、耕牛から良沢の手に渡ったこの書物であった。

蘭学に傾倒した昌綱は特異な大名かといえばそうではない。良沢の蘭学を支援したのは中津藩主奥平昌鹿《まさか》（一七四四—八〇）であったし、この時期、蘭癖と呼ばれた大名に、鹿児島藩主島津重豪《しげひで》（一七四五—一八三三）や蔵書家平戸藩主松浦静山《まつらせいざん》等がいる。重豪は自らオランダ語を学び、歴代のオランダ商館長と親交をあたため、オランダ通詞松村元綱を召し抱えるなど、オランダの文化や文物への興味が深かった。静山の洋書は、蘭学者志筑《しづき》忠雄《ただお》（一七六〇—一八〇六）の研究に役立てられただけでなく、文化期（一八〇四—一八）には幕府天文方の研究にも利用された。平助も仙台藩主伊達重村《だてしげむら》（一七四二—九六）に重用されたというから、第三期における世界研究の進展には、大名たちの見えない貢献が少なからずあったと見るべきであろう。

司馬江漢《しばこうかん》（一七四七—一八一八）は、江戸に生まれた町人で、昌綱と同門である。画業に優れた江漢は、平賀源内《ひらがげんない》（一七二八—七九）と知り合い蘭学に目覚め、良沢に入門した。良沢や玄沢の協力を得て、日本で初めて銅版画の製作に成功。前述の『地球全図』はその成果である。『地球全図』は、先行する『輿地全図』（一七九二年）に改訂を加えたもので、寛政五年の初版を含め少なくとも四版が印刷された。解説の方も『輿地略説』（一七九二年）、『地球全図略説』（一七九三年・一八〇〇年）、と名を変え版を重ねており、需要の高さがうかがえる。静山との間に親しい交流があったことも知られている。

江漢と関係が深かった本多利明《りめい》（一七四三―一八二〇）もまた、江戸の町人である。越後出身の利明は、一八歳で江戸に出て天文学・算学を学び、音羽町《おとわ》に塾を開いた。初期の著述は天文学が中心であったが、弟子の最上徳内が蝦夷地見分から戻って以降、蝦夷地に関する著述を数多く残し、平助とのつながりも指摘されている。また、寛政八年（一七九六）から九年にかけて、イギリス船が二度にわたり蝦夷地のエトモ（室蘭《むろらん》）沖に現れたことに刺激され、世界におけるイギリスの覇権を詳述した「西域物語」（一七九八年）を著した。蘭学の師はおらず、江漢や山村才助から独学で世界情勢について学んだという。

利明の友人山村才助《さいすけ》（一七七〇―一八〇七）は、二〇歳の時大槻玄沢に入門した蘭学者である。当時の蘭学者が医業のかたわら地理研究を進めていたのに対して、地理学を究めたくて蘭学を志した変わり種であった。第三期の著述に、ジュリオ・アレーニの『職方《しょくほう》外紀《がいき》』中の、漢語表記された世界の地名にオランダ語・ラテン語をあてて考証した「外紀《がいき》西語考《せいごこう》」（一七九六年）がある。「訂正増訳采覧異言」（一八〇三年）を完成させると、その功績を幕府に認められ、土浦藩士として職務を務めるかたわら、世界地理にかかわる数々の翻訳書を残した。

為政者と世界研究

さて、図13（三七頁）は世界研究の担い手の相関図ではあるのだが、著作のない老中松平定信と若年寄堀田正敦をあえて載せている。というのも、この二人抜きに、第三期における世界研究の動向の特質を理解することはできないからだ。

松平定信《さだのぶ》（一七五八―一八二九）は、御三卿の一つ田安家に生まれ、第八代将軍徳川吉宗（一六八四―一七五一）の孫にあたる。安永三年（一七七四）に白河藩松平定邦《さだくに》（一七二八―九〇）の養子となり、天明三年（一七八三）に家督を相続。天明七年から寛政五年（一七九三）まで老中をつとめた。

表3は、天理大学附属天理図書館が所蔵する定信の旧蔵書の中から、外国関係に分類された文献数を整理したものである。ロシア・蝦夷地関連の文献数が他を圧倒していることが目を引く。工藤平助の「加模西葛杜加《カムサスカ》国風説考」もここに含まれ

表3　松平定信外国関連蔵書数

ヨーロッパ		63
内訳	ロシア	49
	オランダ	6
	イギリス	4
	その他	4
アジア		33
内訳	蝦夷地	17
	朝　鮮	8
	その他	8
漂流・漂着		18
世　界		6
アメリカ		1

る。定信の老中在職中には、ロシアとの境界領域となった蝦夷地をめぐって、クナシリとその対岸のアイヌの人びとが和人を襲撃した事件、いわゆるクナシリ・メナシの戦い（一七八九年）や、ロシア使節ラクスマンのネモロ来航（一七九二年）といった事案が発生し、定信はその対応にあたった。蝦夷地とはどんな場所なのか、なぜ事件は起こったのか。ロシアはどんな国なのか、何のためにやって来たのか。これら蔵書には、将軍補佐もつとめる外交の最高責任者として、定信が欲していた知識が透けてみえる。

老中を辞してからも定信のロシアへの関心は強く、文化三年（一八〇六）から四年にかけて、ロシアがエトロフとカラフトの日本側施設を襲撃した事件、いわゆる文化露寇《ろこう》事件が起こると、文献リストを添えた小文「秘録大要」（一八〇八年）を子孫のために著し、ロシアについて学ぶ必要を説いている。それぞれの文献には、読むべき順番を示す数字が付されているのだが、その数字には書き直した跡がいくつもあって、ただ読めというのではなく、学びを深めていく過程を定信が重視していたことがうかがえる。

定信の旧蔵書の内、蘭学由来の著述はわかるだけで二六点に及ぶ。そこには、桂川甫周に訳させた「魯西亜志」をはじめ、本木良永の「和蘭陀《おらんだ》全世界地図書訳」（一七七八年）や松村元綱の「和蘭航海略記」（一七七八年）、山村才助の「新訳東西紀游《きゆう》」（一八〇四年）といった広く世界に関する翻訳本があり、定信の視線がロシアにとどまらず広く世界へと向けられていたことがわかる。定信が蘭学を重視していたことは古くから指摘があるが、実際のところ、定信は『ゼオガラヒー』を所蔵していたし、甫周や良永、前野良沢に各種の蘭書を翻訳させただけでなく、元オランダ通詞石井庄助《しょうすけ》（一七四三―?）や甫周の訳業を助けた実弟森島中良《ちゅうりょう》（一七五六?―一八一〇）を召し抱えるなど、蘭書から情報を得ることに熱心であった。

その定信が、寛政二年に若年寄に抜擢したのが、堀田正敦《まさあつ》（一七五五―一八三二）である。仙台藩主伊達宗村《むねむら》（一七一八―一七五六）の八男に生まれた正敦は、天明六年（一七八六）に堅田藩主堀田正富《まさとみ》（一七五〇―九一）の養子となり、翌年に家督を相続した。若年寄就任前から平助に学び、北方問題に詳しかったとされる。ラクスマンの来航時には、定信の片腕として対応にあたった。天保三年（一八三二）まで、四三年にわたって若年寄の地位にあった正敦は、定信の老中退職後の、北方問題の実質的な実務担当者であり、大槻玄沢をブレーンとしただけでなく、蝦夷地を実見した最上徳内を重用した。文化露寇事件の直後には、玄沢の子玄幹《げんかん》（一七八五―一八三八）らを連れて、自ら蝦夷地の見分に出向いている。若年寄の地位にあって、蝦夷地に足を踏み入れたのは、江戸時代を通じて正敦ただ一人である。

江戸時代、参勤交代を義務づけられた大名たちには、江戸と国元との二つの拠点があった。工藤平助も、前野良沢も、大槻玄沢も、山村才助も、江戸の藩邸に仕える身である。彼らは江戸で、将軍の侍医である桂川甫周や大名の朽木昌綱らと語らい、町人身分の司馬江漢や本多利明と親しく交わった。たとえば、寛政六年（一七九四）、玄沢が芝蘭堂で開いた太陽暦で正月を祝う新元会、いわゆるオランダ正月の宴の出席者には、良沢、甫周、昌綱、江漢、森島中良、石井庄助、大黒屋光太夫の名が見える。

第三期の江戸では、幕府や藩の垣根を越えて、身分を越えて、突如姿を現したロシアや、世界に対する知識や情報が行き交ったと見られる。一方、世界研究の中心が江戸であったにせよ、林子平や良沢、玄沢らが長崎で学んでいたことも見逃せない。日本で唯一オランダ人が常駐する長崎は、世界に関心を寄せる人びとにとって最先端の情報を得る場として重要な位置を占めていた。

ヨーロッパとは何か

新井白石から山村才助へ

享和三年（一八〇三）、山村才助《さいすけ》の大著「訂正増訳采覧異言《ていせいぞうやくさいらんいげん》」が成った。その名の通り、新井白石《はくせき》が正徳三年（一七一三）に完成させた「采覧異言」の誤りを修正し不足を補い、蘭書からの訳を新たに増補した書物である。以下、これを「新采覧異言」と呼ぶ。

「新采覧異言」は三つの部分から構成される。白石の元々の文章と、白石の説を修正する「訂正」、そして蘭書を翻訳して増補した「増訳」である。才助は、まず、白石の「采覧異言」の写本をいくつも集めて校訂し、定本を作った。その上で、白石の文章と構成はそのまま残し、問題があれば、注記として諸書の考証と自分の知見を挿入し、白石の説を修正する形をとった。これが「訂正」である。

才助が参照した西洋の書物は全部で三二点。オランダ語のみならず、英語やラテン語に言及した考証もあり、「新采覧異言」が、卓越した語学力に裏打ちされていたことがうかがえる。また、儒学者市河寛斎《いちかわかんさい》（一七四九—一八二〇）を叔父に持つ才助が典拠とした漢籍は、洋書を上まわる四一点ある。この他、五三点の和書が参考文献にあがっている。

「新采覧異言」は、手にし得る世界地理情報を洋の東西を問わず博捜して、白石の「采覧異言」を批判的に読み直しバージョンアップさせた、世界地理の実証的な研究書であった。

一方、才助が「増訳」に主に使用したのは、『ゼエ・アトラス（万国航海図説）』と『コウラント・トルコ（万国伝信記事）』の二点である。『ゼエ・アトラス』は、一六七六年にアムステルダムで刊行された説明付きの四一枚からなる地図帳“De Zee-Atlas ofte water wereld, waarin vertoont werden alle de zee-kusten van het bekende des aerd-bodems”とされる。『コウラント・トルコ』は、一七三二年にヨハン・ヒュブネルが編纂した辞典“De nieuwe, vermeerderde en verbeterde kouranten-tolk, of Zakelyk, historish-en staatkundig woordenboek”で、先述した『ゼオガラヒー』と並んで、蘭学者たちが熱心に学んだ世界地理書の一つである。

「采覧異言」に比べると、各地の情報は格段に厚みを増し、全編を通じて大幅に刷新されているのだが、「新采覧異言」で際だっているのはロシアの記述が多いことである。表4により、白石と才助とが、ヨーロッパの国々の記述に割いた紙数を比較しよう。

「采覧異言」の記述が最も多いのはオランダであり、一六世紀に日本に来航した国々がそれに続く。イタリアに割いた紙幅《しふく》が多いのは、情報源の一つがイタリア人のシドッチであったからであろう。一方、「新采覧異言」では、ロシアの記述が他を圧倒している。「訂正」は諸本を考証して導き出した才助独自の見解といえるが、ロシアの「訂正」の量はオランダの二倍を越える。また、ロシアの「増訳」はオランダの次に多い。ヨーロッパの国々や、韃靼《だったん》・蝦夷の項目にもロシアへの言及はあるので、それらを合わせれば、ロシアの記述はさらに増える。才助がロシアを強烈に意識していたことは疑いない。

才助の世界への関心はロシアへの関心とひとつながりであったといえるが、このことは、「加模西葛杜加《カムサスカ》国風説考」以降に、ロシアにとどまらない、世界についての研究が深まった理由を考える上で示唆的である。ロシアが

表４　「采覧異言」と「新采覧異言」の記述量比較

	「采覧異言」		「新采覧異言」	
	本文行数	割注行数	訂正行数	増訳行数
オランダ	44	26	131	344
ポルトガル	38	14	12	136
イタリア	18	9	23	155
イスパニア	10	10	23	141
イングランド	10	11	42	112
ロシア	7	9	330	220
他18ヶ国平均	4.2	5.2	19.9	6.1

「新采覧異言」の掲出する上記６ヵ国以外のヨーロッパの国名は，ゼルマニア・デエネマルカ・ブランデブルコ・ポロニア・ポタラニア・リトニア・スエーデン・ノルウェー・サクソニア・シシリア・アンダルシア・グラナダ・カステイラ・ナハラ・フランス・スコッテア・イペリニア・グルウンランデヤである．

存在する世界とはどのようなものなのか。巨大国家ロシアの出現がもたらしたこの問いが、松平定信をはじめとする当時の人びとのまなざしを広く世界へと導いたのである。

以下、「新采覧異言」を読み解いていくが、書かれたことがらの正否を問うことはしない。そのような検証は、当時の読み手がそこから何を受け取ったのかを知る上でむしろ有害でさえあるからだ。江戸時代の読者になったつもりで、才助が描いた世界に分け入ることにしよう。

ヨーロッパ概念の成熟

白石は、「采覧異言」において、世界はヨーロッパ・アフリカ・アジア・南アメリカ・北アメリカの五大陸から成るという立場に立ち、これら大陸ごとに、国や地域を列記し、それぞれの特徴を記述した。これに対して、才助の「新采覧異言」の新しさは、五大陸を、単に並列させるのではなく、大陸間の関係性の中でとらえたことにある。

ヨーロッパの概説の『コウラント・トルコ』からの「増訳」には次のようにある。

ヨーロッパは気候が温和で物産が豊饒で、穀物や果実、ぶどう酒を多く生産し、鉱山や畜産も盛んである。人口も多く、また人物は純粋で賢く、勇敢で強い。また、自然の理をよく理解し、学問を好むことは他の大陸に勝っている。そのため、他の大陸の国々にヨーロッパに服属するものがとても多い。

一方、他の大陸の「増訳」を見ると、アフリカは「ヨーロッパ諸国が海岸沿いの地域や島々を併合した箇所は二〇〇余りあり、その数は極めて多い」とされ、南北アメリカについては「この大陸があることを発見して以来、ヨーロッパのスペイン・ポルトガル・フランス・オランダ・イギリス・デンマーク・スウェーデン等がここに進出し、土地を開き、拠点を置いている」と説明し、アジアは「ヨーロッパ諸国から海を渡ってこの大陸に渡来し、植民と開拓につとめ、城郭を建設し、現地の首長を取り込み支配する地域がとても多い」と概説している。

「采覧異言」に、ヨーロッパの国々によるアメリカやアフリカへの進出への言及がないわけではない。しかし、それらは国ごとの個別の動きとしておさえられ、白石に、ヨーロッパの動きとしてとらえる視角はまだない。

興味深いのは、たとえば才助がデンマークに関して付した次のような「増訳」である。

デンマークは、アジアやアフリカにも属国がある。人びとは生来善良で勇猛で、自然科学を好み、海を渡って諸国と通商している。国王はコペンハーゲンの港からの貿易の利益により、巨万の富を手にしている。

デンマークに限らず、ヨーロッパ諸国の「増訳」部分を総合すると、多くの国は豊饒で、その繁栄を、学問を基礎とする熟達した航海術を駆使して展開する世界貿易と、他の大陸に広がる属国とが支えるという構図が浮かび上がる。

アフリカに関しては、「ヨーロッパ人が毎年アフリカに来て、多くの人間を買い求めてアメリカに送り、開拓と植民にあてている」との説明もある。ヨーロッパが発見した新大陸アメリカの開拓を、ヨーロッパがアフリカから労働力を調達して実現させた構造までもが視界にとらえられているのだ。

要するに、「新采覧異言」が明らかにしたのは、ヨーロッパが自らの繁栄のために、他の大陸を利用し、収奪する構図に他ならない。才助が描き出したのは、ヨーロッパを中心とする渦に、他の大陸が巻き込まれ、構造化されつつある世界の姿であった。これを現代の国際関係論にならって、仮に大陸関係論と呼ぼう。

ヨーロッパの世界支配と文明論

「新采覧異言」のもう一つの特徴は、大陸関係論を文明論として描きだしたことにある。ヨーロッパの概説で見た通り、「新采覧異言」が描くヨーロッパの国々は、豊饒で、美しい都市を持ち、そこに住む人びとは文学やさまざまな技芸に優れている。学問の隆盛は、他の大陸への進出を可能にする重要な条件であり、多くの都市に学問の拠点たる大学が置かれている。

このような文明のヨーロッパに対して、たとえばアフリカは、「人物はおおむねがさつで粗暴であり、道理を知ることが少ない。そのために、城郭があるところもあれば、城郭も集落も家屋もなく、平地ではなく山林に住む者がいる。あるいは、太陽をさえぎるものを作ってそこに住む者もいる」という風に、知性に乏しく家屋すら持たない未開な人びととして描かれている。彼らを形容する語として頻出するのは、ヨーロッパには決して用いられることのない「強暴」「野鄙《やひ》（下品で卑しい）」「愚魯《ぐろ》（無知でまぬけ）」「禽獣《きんじゅう》の如し（動物なみ）」等である。

もちろん、白石も、スペインを豊かで豊饒とし、オランダを学問を好み天文学と地理学に通じているとする一方、マダガスカルの人は肌の色が黒く卑《いや》しく醜《みにく》いと書いている。白石においても、世界は文明と未開に分割されているのだが、文明と未開を「教化」の語でつなぎ、世界を一つの有機体に作り上げたのは才助である。ブラジルの「増訳」を見よう。

> その習俗は特殊で性質は極めて凶暴で野鄙であり、好んで人肉を食らう。男女は皆裸体で鳥の羽で首を飾り、唇や頬に孔《あな》をあけて玉石や骨や角の類いをはめる。その姿はおそるべきものである。（略）内陸部に住む先住民マルガヤテンは、ポルトガル人に親しみ、教化されたので、今や人としての道理をよく知っている。

人肉食を習慣とする、未開の極地にあったブラジルの人びとが、一部ではあっても人の道理を知りえたのは、ポルトガルによる教化の成果なのだ。こうした教化の成功例がある一方で、パラグアイについては次のように失敗が語られる。

スペイン人がこの地を開いてから、各地で教えを広め、役人を置いて物産を収めようとした。しかし、現地の人びとは野蛮でずるがしこく、教えに従おうとしない。（略）心を用いてこの地を治め、能力のある者を派遣し導こうとしても、彼らがあまりに愚かで道理と正義を理解することができず、どうすることもできなかった。教えても効果はなく、苦労の甲斐もない。そのため、一七三二年にスペイン人はこの地の宝物を全て強奪し、別の土地に移り、終にはこの地を棄てた。

教化の失敗は支配の放棄に帰着するのであって、「新采覧異言」においては、ヨーロッパによる他の大陸の支配は文明による未開の教化の言い換えに他ならない。アメリカやアフリカは、なぜヨーロッパに支配されるのか。「新采覧異言」は答える。未開であるからだ。ヨーロッパは、なぜアメリカやアフリカを支配するのか。「新采覧異言」は答える。文明が未開を教化し、人間の生活に導くのは自明の道理である。世界を、文明と、文明によって支配され教化されることを運命づけられた未開とが対立する構図としてとらえる視角は、こうして日本に輸入されたのであった。

文明の中国

四つの大陸すべてがヨーロッパに従属しているのかといえばそうではない。「新采覧異言」において、ヨーロッパに唯一対峙し得る立場にあるのがアジアである。先にヨーロッパの支配にかかわるアジアの概説の一部を紹介したが、その前置きは次のようなものである。

そもそもアジアは世界が開けた最初の土地であり、聖なる存在が出て人類が始まり、帝王が国をおこし、法と宗教が最初に成立し、その他文学やさまざまな技芸に至るまで、多くはアジアから始まった

アジアは、世界に先駆けて文明を生み出し、世界を牽引したというのだ。そのアジアに、今やヨーロッパが進出しつつあるというのが概説の主旨であった。実際、「新采覧異言」のアジアの国や地域について一つ一つ読み進めて行くと、ヨーロッパの進出は沿岸部や島嶼部に限られ、「ハルシア（ペルシア）」と「モゴル（ムガル帝国）」、「支那（中国）」の三国が独立した帝国として立ち現れる。この内中国に限っては、「土地は極めて豊穣でさまざまな物産があり便利なこと比べるところがない」とか、「人びとは総じて賢く才知がある。それぞれの仕事に励み、礼儀を重んじ学問を尊びさまざまな技術に優れ、特に、物事の原理を追究する学問や、天文学・測量学を好む」という風に、ヨーロッパと見紛《みまが》う評価が与えられている。文明発祥の地というアジアへの賛辞は、主に中国に向けられたものであった。

才助の「新采覧異言」は、文明を武器に、ヨーロッパがアフリカ・アメリカを手中に入

れ、その手をアジアに伸ばしつつあることを告発すると同時に、東アジアの中心たる中国をヨーロッパに対抗し得る有力な文明国と位置づけたのである。

世界帝国ロシア

さて、才助が白石とは異なり、ロシアに大きな関心を払っていたことを思い出そう。才助は、ヨーロッパの一部を成すロシアを、西はポーランドとスウェーデンを奪い、南はオスマン帝国を破り、中央アジアからペルシアの辺境を併呑し、東方はカムチャツカとその近海の島嶼部までを手中に入れた「世界第一の大国」と評し、風俗や産物に限定された白石の乏しい記述を、複数の漢籍を考証して「訂正」した。そして、『コウラント・トルコ』からの「増訳」では、位置・気候に始まり、領域内の地名、ピョートル一世（Pyotr I Alekseevich　一六七二―一七二五）による政治・経済・文化の刷新、ポーランドの併合、スウェーデンやトルコとの軋轢、モスクワとサンクト・ペテルブルグの様子を詳述している。

才助は、ロシアの拡大もまた、ヨーロッパの世界進出の一態様として記述したわけだが、他のヨーロッパ諸国と異なるのは、ロシアが「邏馬国《ロヲマ》（神聖ローマ帝国）」「都児格国《トルコ》（オスマン帝国）」と並び、「帝者」をいただく、世界に三つしかない帝国の一つに数えられたところだ。しかも、この三つの帝国の中で抜きん出ているのはロシアである。それぞれの概略を比較しよう。

才助が第一にあげる帝国は「儒略烏斯《ジユリウス》・加優沙児《カアエサル》」に始まる皇帝をいただく神聖ローマ帝国である。中世に都を「入尔馬泥亜《ゼルマニア》国（ドイツ）」に移した後、神聖ローマ帝国はドイツの別名となった。皇帝はドイツを一〇の地域に分け、法や宗教など地方の支配制度を整備し、皇帝が選んだ領主に各地を治めさせたが、今や皇帝から自立し独自に領地を治める領主もおり、かつての帝国の面影は失われている。

第二の帝国がロシアである。ロシアの人びとは、かつて野鄙で道理も正義も知ることなく、読むことや書くこと、計算することを知らなかった。帝位に就いたピョートル一世は、ヨーロッパ諸国の著名な都市を訪れその様子を観察し、富国強兵の手立てを学んだ。帰国後、他国の学者や高徳の宗教者を数多く国に集めて人びとを教え導き、さまざまな学問や技術を習得させた。こうして、山野を開き、河川を開き、各国と交易して、国を豊かにすることができた。その徳を慕って他国から人が集まるだけでなく、ロシアの人びとのかつての悪風はすべて改まり、謙虚さ礼儀正しさは他国に勝るほどになった。世に知られる賢者や学者が多く出て、今や国勢は非常に盛んである。

最後が、かつて東ローマ帝国の都であった「公斯瑺低諾波児《コンスタンチノポル》（イスタンブール）」を帝都とするオスマン帝国である。この帝国は、国土は平原で肥沃《ひよく》ではあるものの、城郭や家屋は洗練されておらず美しくない。人口は少なく敵の攻撃に弱く、荒れた土地が多い。それは、国が人びとを兵隊に動員して休む暇を与えず、流行病による死者が多く出て、財力を使い果たしたためである。

このように、才助が提示した三つの帝国の差異は著しい。神聖ローマ帝国はもはや過去の存在であり、オスマン帝国が蕩尽《とうじん》する帝国であるのに対して、ロシアは、人知を尽くして財を生み出しまさに今繁栄する帝国なのだ。工藤平助が発見したロシアは、本書において、ヨーロッパのみならず世界に類のない、歴史上最大で最強の帝国という位置を与えられたのであった。

「訂正増訳采覧異言」の歴史的意味

「新采覧異言」に、一八世紀後半に起こった産業革命やフランス革命、アメリカ建国などへの言及はない。才助が参照したのは、どんなに新しくても一八世紀半ばまでに刊行された書物であり、これ以降の変化、すなわち、才助と同時代に世界で起こりつつあった現象は視野に入るべくもない。しかし、こうした遅れは、本書の意義を損なうものではありえない。

なぜなら、才助の「新采覧異言」の最大の成果は、白石の「采覧異言」ではまだ未熟であった、ヨーロッパ対その他の大陸という対立構造を世界理解の軸として示したという点にあるからだ。ヨーロッパ勢力が地球上を席巻しつつあること、巨大ロシアの存在もまたそのうねりの中にあることを論証した日本初の書物であったという点で、「新采覧異言」

は画期をなすのだ。

「新采覧異言」の読者を、筆者の知る限りで示せば次の通り。長崎奉行所に赴任中「鎖国論」を書写した大田南畝《なんぽ》（一七四九—一八二三）。才助の師大槻玄沢。玄沢から同書を献上された堀田正敦。幕府の蝦夷地政策を現地で支えた幕臣近藤重蔵《じゅうぞう》（一七七一—一八二九）。『新訂万国全図』を作った幕府天文方の高橋景保。幕末の尊王攘夷思想に強い影響を与えた国学者平田篤胤《あつたね》（一七七六—一八四三）。老中として外交や海防にかかわった古河藩主土井利厚《としあつ》（一七五九—一八二二）の側近くに仕えた鷹見泉石《たかみせんせき》（一七八五—一八五八）。藩の海防掛として、蘭学者の助力を得て海外情報の収集につとめた田原藩士渡辺崋山《かざん》（一七九三—一八四一）、洋学や種痘《しゅとう》など新知識の採用に努めた津藩の儒者斎藤拙堂《せつどう》（一七九七—一八六五）。幕末に欧米の脅威と海防の必要を説いた水戸藩儒豊田天功《てんこう》（一八〇五—六四）。幕末維新期に活躍する門下生を育てた松下村塾の主宰吉田松陰《しょういん》（一八三〇—五九）。彼らの背後には、前節で紹介したと同じ知的ネットワークが広がっていたはずだ。幕末にいたるまで、「新采覧異言」を共有する輪は幾重にも重なり、広がったとみるべきであろう。

それだけではない。同書が、昌平坂学問所の教官柴野栗山《りつざん》（一七三六—一八〇七）の取り次ぎで、文化元年（一八〇四）に幕府に献納され、紅葉山文庫の蔵書とされたことは注目されていい。寛政三年（一七九一）のアメリカ船の紀州来航、同九年のイギリス船による津軽海峡の横断、同一二年のアメリカ船による貿易要求。ベニョフスキーの来航以来、ロシア船以外にも、いくつもの外国船が日本に接近していた（第二章第二節「幕府、蝦夷地を囲い込む」）。なぜ彼らは日本にやって来るのか。その理由を知るのに、オランダ風説書の与える情報は断片的に過ぎた。産業革命など最新の情報を欠いていたにしても、いずれの外国船の来航も、才助が描いて見せた構図にあてはめればつじつまがあう。それらは、ヨーロッパによる世界の席巻という大波が、日本がそれまで自足していた東アジア世界を浸食しつつある証左なのだ。

才助が厳密な批判・考証を経て総合した世界像を、外交にあたる幕閣が書物という媒体で共有できる環境が整ったことの意味は大きい。才助畢生《ひっせい》の労作によって、ロシア使節を含む直近の外国船来航事件と、一六世紀の日本が経験したポルトガル等との接触という歴史とを、ヨーロッパが世界を巻き込む長い波動の一環として俯瞰《ふかん》し、かつ、これ以降のヨーロッパの接近をも予測し得る視角を、幕府は初めて獲得したのだといえよう。

ヨーロッパと対峙する

この章では、ロシアへの対応を模索する過程で、日本の国土が拡大し、対ヨーロッパ外交の枠組みが「鎖国」という形で固まっていく経緯を明らかにする。

初めての対ロシア外交

ロシア使節ラクスマンのネモロ来航

寛政四年（一七九二）一〇月一九日、ロシアの船が蝦夷地に来航したという一報が幕府に飛び込んできた。一〇月四日に現地からの報告を受け取った松前藩主松前道広（一七五四―一八三二）の、六日付けの書面が幕府に届いたのだ。そこには、「アダムラックシマン（アダム・ラクスマン Adam Kirilovich Laksman 一七六六―?）」（図14）率いるロシアの船が、大黒屋《だいこくや》光太夫《こうだゆう》他二人の日本人漂流民を乗せてネモロ（根室）に到着したこと、書状と献上物を持参していること、三人の漂流民を直接幕府に届ける命令を遂行するため今年中に江戸に行く意向であること、九月五日にラクスマンに面会した松前藩士がそれを引き留めたことが記されていた。合わせて届いた松前藩主宛のラクスマンの手紙には、「らい三月ぢぶんまでわ（来年三月までは）　江どをもての　こじやうあいまち申候（江戸表のお手紙をお待ちします）、もしこのじぶん二江とよりごぢやうまいり申さずところにわ（もし、その時までに江戸からお手紙が届かなければ）、わたくしのふね　すくに江とをもてゑ　のりこミ申候て（私の船はすぐに江戸表へ乗り込み）、三人の人　ぢきに　江どをんやくにんゑ　てわたしいたしたく（三人の漂流民を直接江戸のお役人に手渡したく）、そのとき　このほのふなたま　をんひきとめ　なされ申ましき候（その時こちらの船をお引き留めなされませんように）」とあった（「魯西亜人取扱手留」）。

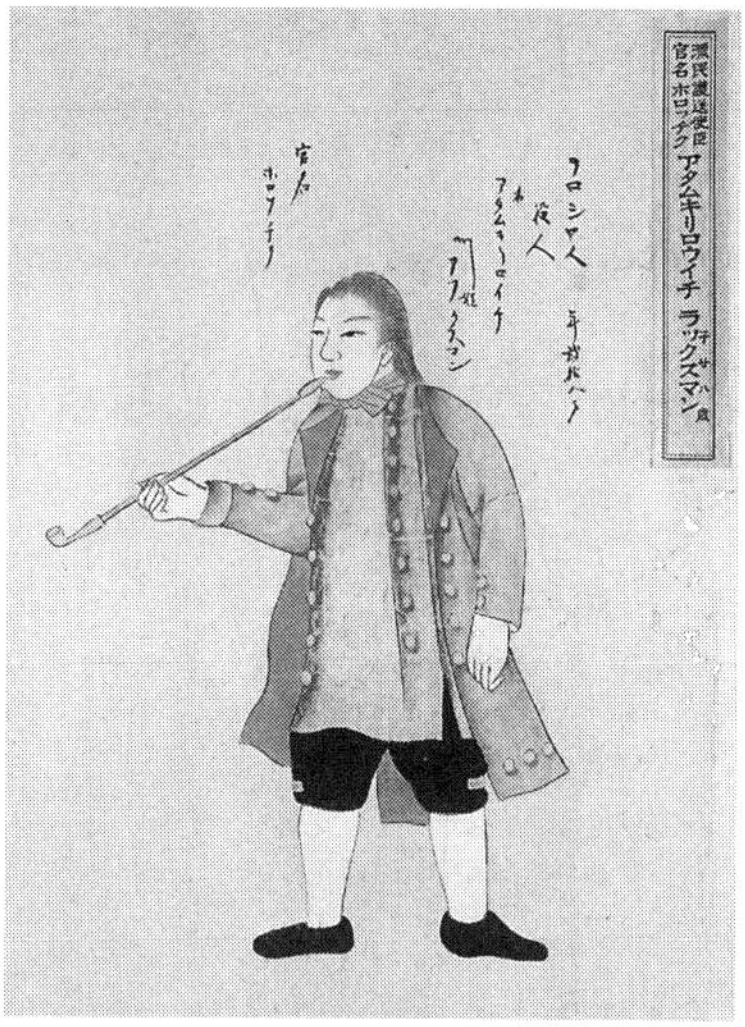

図14　ラクスマン（「函館渡来露船エカテリナ号乗組員像」より　函館市中央図書館所蔵）

工藤平助《くどうへいすけ》が明らかにしたあのロシアの船が江戸に来る。老中首座として対応を主導した松平定信がその顚末《てんまつ》を詳細に記した「魯西亜人取扱手留」によれば、幕府の役人を松前に派遣し、そこでラクスマンと面会させる方針が決まり、人選が定まったのは一一月八日以前のこと。蝦夷地まで出迎えに行

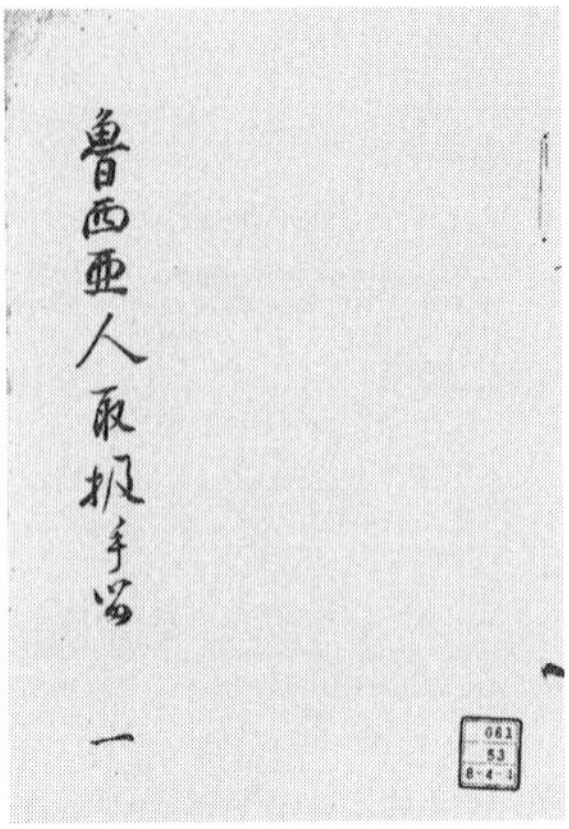

図15　「魯西亜人取扱手留」表紙　天理大学附属天理図書館所蔵

く先遣隊は、松前を経由して翌年二月下旬には現地に到着する目算で、一一月二二日に江戸を出発。それに先んじて、二月上旬には、幕府の意向を松前藩からロシア側に伝える段取りであった。幕府は、ラクスマンが期限とした三月より前に、江戸ではなく松前で面会する意志を伝えようと動いたのである。

教科書にも辞書にも、ラクスマンは通商を求めて来航したと書かれている。確かに、エカテリーナ二世（Ekaterina II Alekseevna, Velikaya　一七二九―一七九六）の勅令には、国交を開き通商をはじめる希望があることを日本側に伝えよとの指示があった。しかし、そのことを記したイルクーツク総督イワン・ピーリ（Ivan Alferovich Pil'　?―一八〇一）の書翰、松前藩主の報告にあった書状はこれだが、その書状がこの時幕府に届いたわけではない。幕府に伝わったのは、漂流民を江戸で幕府に直接手渡したいという希望のみであり、最大の焦点は、これにいかに応じるかであった。以下、定信の「魯西亜人取扱手留」（図15）によりながら、幕府が初めてのロシアとの外交にどのように臨んだのかを明らかにしていこう。

ロシア船を江戸には来させない

なぜ幕府は松前での面会を選んだのか。それは、ラクスマンを江戸に来させたくなかったからである。ではなぜ、幕府はラクスマンの江戸来航を嫌ったのか。それは、端的に、江戸には海に向けた軍備がなかったからである。

ラクスマンが来航すると、定信は、日本の海岸防衛、いわゆる海防について同僚の老中たちと議論するため、「海辺御備愚意《かいへんおそなえぐい》」（一七九二年）と題する意見書を著した。その中で、江戸湾の弱点を次のように語っている。

一番心配なのは、安房国・上総国・下総国（千葉県）と伊豆国（静岡県）で、この辺りは幕府領か小大名の領地で一向に備えがない。外国船が浦賀に乗り入れ、品川まできてしまったら、大井川や箱根は全く無意味で、恐るべきことだ。だから、私は、江戸湾の防衛を固める必要があるとかねがね考えてきた。

箱根と大井川は、海からの敵の備えにはならない。定信がそう分析した江戸湾防衛の貧弱さは、江戸初期の政策により構築されたものである。

三河国（愛知県）岡崎城主の家に生まれた徳川家康（一五四二―一六一六）は、東海・甲信地方に勢力をはり、天正一八年（一五九〇）、豊臣秀吉（一五三七―九八）から、伊豆・

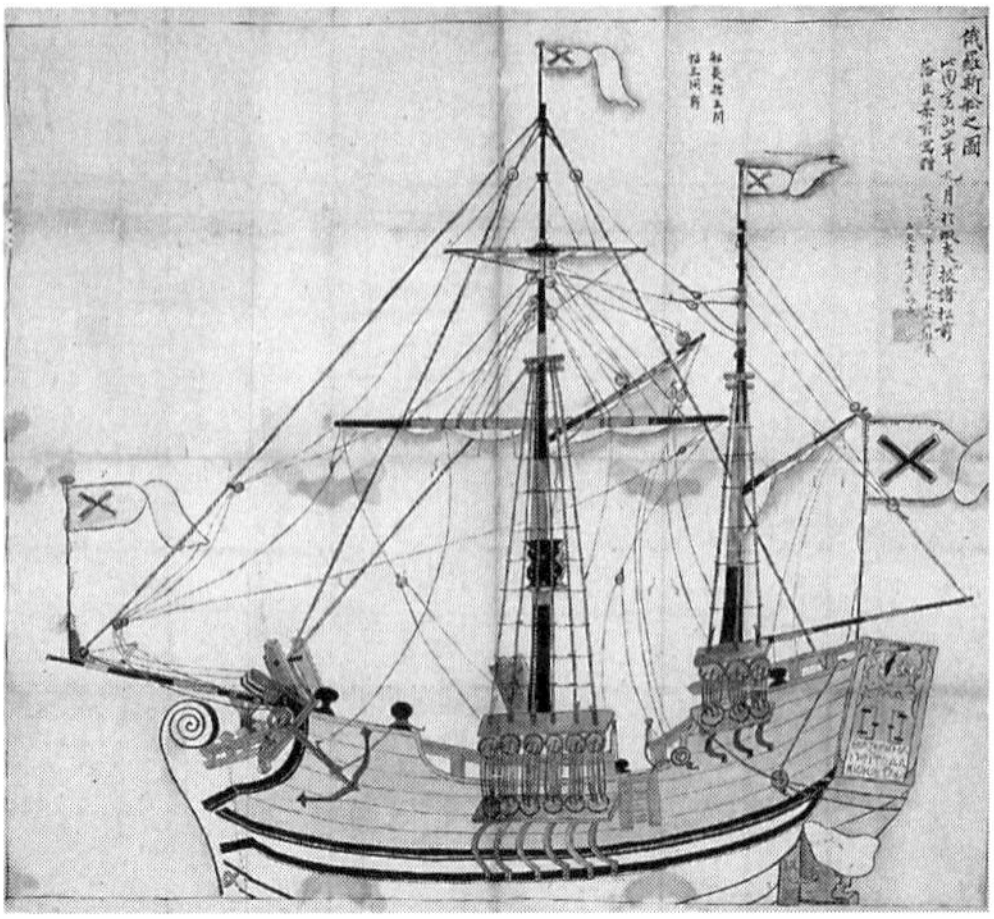

図16　エカテリーナ号（「俄羅斯舩之図」より　根室市歴史と自然の資料館所蔵）　ラクスマンの乗った船.

相模（神奈川県）・武蔵（東京都）・上野（群馬県）・上総・下総の六ヶ国を与えられ、江戸に本拠を移し、周囲を信頼できる古参の家臣たちで固めた。将軍権力の確立のためには、島津氏をはじめとする有力大名の割拠する西日本の掌握が必須であり、それが実現し徳川氏の支配が盤石なものとなるのは、三代将軍家光（一六〇四—五一）の時である。

その過程で、西国大名の軍事力を削《そ》ぐための策の一つとして採られたのが、戦国時代に飛躍的に発達した安宅《あたけ》船と呼ばれる大型軍船の所有禁止である。文禄・慶長の役（一五九二—九八年）の頃には二千石積以上の大型船も建造されるほどであったが、慶長一四年（一六〇九）、幕府は西国諸大名の所有する五百石以上の軍船を没収し、建造も禁止。寛永一二年（一六三五）には、武家諸法度《ぶけしょはっと》を改定し、すべての大名に対して五百石以上の船を持つことを禁じた。こうして、幕府は海からの敵を想定する必要がなくなり、陸路に重点を置いた防衛体制を敷いた。大井川も箱根も、陸路西から攻め上ってくるであろう敵が攻めにくく、守りやすい天然の要衝であった。

そしてロシアは、防備が貧弱な江戸に迎えていい相手ではなかった。ラクスマンの来航を受けて、定信の命で桂川《かつらがわ》甫周《ほしゅう》が『ゼオガラヒー』から抄訳した「魯西亜志」（一七九三年）によれば、ピョートル一世が七二隻の軍艦と一万八〇〇〇人の兵士とを配備して始まったバルト海の艦隊は、その後軍艦一四〇隻と兵士三万人が増強され、一七五六年には軍艦を含む戦時用の船艦三八隻と兵士一万人を新たに配備、さらに「ベテルスベルグ（サンクト・ペテルブルグ）」には軍艦一〇〇隻が追加されたという。

定信は、ロシア船の江戸来航をめぐって次のような不安を吐露している。

防衛体制が全くないうちに、数百艘の外国船が江戸湾に入ってきたら、江戸にいる大名に命じたとしても、どうして勝つことができるだろうか。武器もすぐには揃わない。必ず負けてしまうだろう　（「魯西亜人取扱手留」）

品川から江戸城まではわずか六キロ。江戸の弱みを知られたくないという計算もあったことだろう。百艘と言わず、たとえ一艘であっても、将軍の居所近くに武装した外国船が近づくことなど、絶対にあってはならない事態であった。

ラクスマンへの対応は、定信以下の老中を中心に、幕府の重要政務を議論する評定所にも諮《はか》り、検討が進められた。江戸への来航は許さない、国書、すなわち、君主からの書翰と献上品は受け取らないという方針は固まったものの、これをいかに伝えるかに腐心した。ロシアがこのゼロ回答にどう反応するかは全くもって未知数であったからだ。

「礼と法」、そして「活路」

当初は告諭《こくゆ》使、途中から宣諭《せんゆ》使へと変更された松前に派遣する役人の呼称が示す通り、幕府は松前での面会を、交渉の場ではなく、日本側の意向をロシア側に知らせ諭《さと》す場と位置づけていた。そのため、回答を聞いたロシア側が失望して不測の事態に至ることのないよう、宣諭使が伝達する申し渡しの文面は、定信の主導で慎重に練り上げられていった。内容が固まり、すべての老中が同席し、定信が将軍家斉に上申したのは一一月二〇日。文面は、使節に礼を尽くしながら、日本の法に従い要求を拒絶することに加え、ロシア側を失望させないよう譲歩が盛り込まれた。定信はこれを「礼と法」そして「活路」と呼んだが、その要点は次の通りである。

①江戸への来航は許されない。それは、長崎以外の沿岸に近寄れば打ち払う国法があるからである。

②国書の交換は許されない。お互いを知らないままでの書翰のやりとりは礼儀を失す

る恐れがあるからである。
③漂流民を受け取る用意はある。ただ、松前では引き渡せないというのであれば、漂流民のために国法を枉《ま》げることはできないので、無理に引き渡しは求めない。
④漂流民を遠路はるばる届けてくれた使節の労をねぎらい、国法を伝えるために、今回は江戸の役人が対応した。しかし、今後は、たとえ漂流民を連れて来たとしても、長崎以外の地で二度と対応はしない。
⑤長崎入港に必要な入港許可証を用意した。通信・通商は定め置いた他は許しがたいが、もし希望があるなら長崎に行くように。
以上をよく理解し、速やかに退去せよ。

江戸来航を許さないことも、国書の受け取り拒否も、日本の国法と礼儀、すなわち「礼と法」に照らした対応であると説明する一方で、長崎でなら交渉の余地があることを「活路」として示し、交渉の決裂を避ける。これが幕府の戦略であった。当時、幕政の重要案件は御三家の尾張藩主徳川宗睦《むねちか》（一七三三—一八〇〇）と水戸藩主徳川治保《はるもり》（一七五一—一八〇五）に報告するのが慣例であったが、江戸城内で二人に面会した定信は、特に「長崎口の活路を開く」策への賛辞を得られたと記している。
日本側の要請に応じて松前にやってきたラクスマンと宣諭使とが面会したのは寛政五年

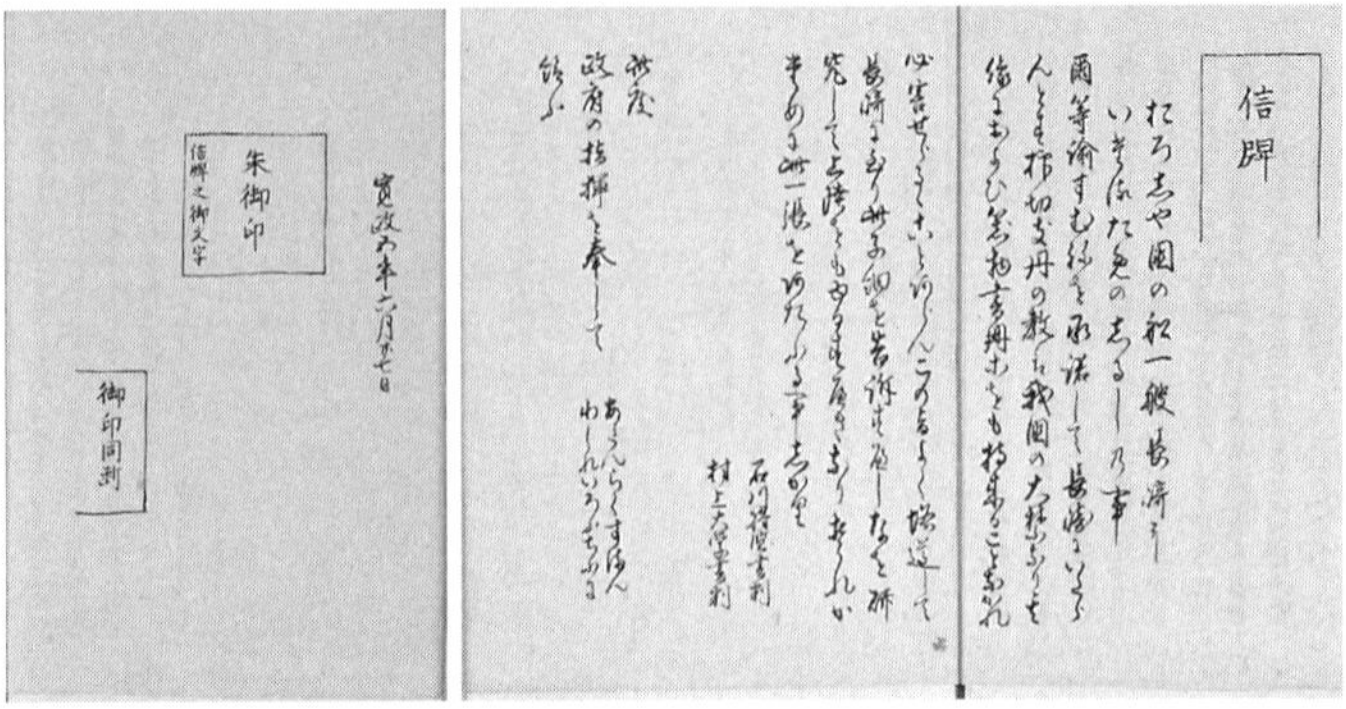

図17　入港許可証(信牌)の写し(「魯西亜渡来一件」より　同志社大学所蔵)
ロシアが持参した入港許可証の真贋を判定するための割り印も見える.

(一七九二)六月二一日。それ以前、宣諭使からは、ラクスマンの持参した書状が国書ではなかったことが報告されたが、幕府は文面を変えることなく、右の内容をラクスマンに伝えさせた。漂流民は宣諭使に引き渡され、ラクスマンは長崎への入港許可証を受け取った(図17)。三度の面会を終え、ロシア側は六月三〇日に松前から箱館に移り、七月一六日、箱館を発った。ラクスマンは江戸行きに固執することなく、また、書状も献上物も宣諭使に渡さないまま日本を去った。初めての対ロシア外交は、幕府の目論見通りに進んだといえるだろう。

「礼と法」とロシア研究

それにしても、なぜ、幕府は、「礼と法」による対応こそがロシアに対するにふさわしいと考えついたのであろうか。ここに到る議論の経緯を少し詳しく見てみよう。

ロシア船来航の知らせを受けた定信は、老中から意見を聴取するとともに、評定所の構成員である寺社奉行・勘定奉行・江戸町奉行にも考えを聞いた。寄せられた意見の中には、江戸来航の拒絶を納得しない場合は厳しい措置をとる、長崎へ行くよう伝えて追い返すといった強硬なものもあった。

これに対して、定信は、ロシア側が人として守るべき道義に則《のっと》って漂流民を送って来ている以上、こちらも「礼と法」により対応するより他はないこと、外国の書物には、ロシアが、ヨーロッパとアジアを股にかける世界に比類ない強大な国であり、名分の立たない戦争は行わないと書かれていること、だから、日本の姿勢がロシアとの面会の成否を分ける鍵になることを説いた。強硬策に対しては、ロシア側はネモロで待つと言い、江戸来航を強行しようとしているわけでもないのに、理由も示さず江戸に来てはならないと応じることは、彼に理がありこちらの非にあたると否定し、長崎行きのうながし方についても、はるばる千里を越えて漂流民を送り届けてくれた彼らを、門前払いして余所へ行けと追い返すのでは、礼を失してしまうと批判している。

名分を重んじるロシアには、礼節を備えた法治国家として対峙すべし。これが定信の主張であった。こうしたやりとりを経て改めて老中から意見を集めたところ、礼を厚くして漂流民を送ってきたことをねぎらい、日本の国法をよく言い聞かせる、つまり「礼と法」

により応じる方向で一致したのだった。

前章において、工藤平助の「加模西葛杜加《カムサスカ》国風説考」以降に、ロシアに対する研究が進展した経過を見た。そのさなかの天明七年（一七八七）に老中に就任した定信は、就任当初よりロシアに対する学びを深めていた。定信のロシア像が、外交ブレーンの桂川甫周らにより深化したロシア研究の成果を基に描かれたことは言うまでもない。対ラクスマン外交の方針は、ロシア研究が始まっていたからこそそのものであった。

「活路」の真意——通商の容認——

では、「活路」はどうだろうか。不測の事態を回避するために盛り込んだにしても、ロシアが長崎に来航すれば対応しなければならない。ロシアが再来し、通信と通商を求められたとして、幕府には要求に応じるつもりなどなかった、つまり「活路」は、目の前の危機をやり過ごすための方便に過ぎなかったのだろうか。答えは否である。

ロシアは日本との通商を望んではいたものの、ラクスマン来航の一報が入った時点で、そのことが幕府に公式に伝えられていなかったことは、先に述べた。にもかかわらず、幕府があえて「活路」に通商をあげたのはなぜか。蝦夷地に遣わした先遣隊への定信の指示には、興味深い記述がある。

ロシア側が江戸に行くことを望んだ場合には、オランダ人は通商をしているから、江戸に出向くことができるのです、あなたの国もオランダ人と同様に通商が始まれば、オランダ人と同様のことになるだろうと思います、しかし、長崎に来なければ通商の道を開くことはできません、今回、はるばる日本人を送って来たことは奇特なことですが、国法は重いのです、と申し渡すように。（「魯西亜人取扱手留」）

打ち払いの国法により、いきなりの江戸来航は許されないが、通商という段階を踏めば江戸に行くことができるかもしれない。つまり、通商は、ロシアが望む江戸行きを実現するための手段として提示されていたのだ。なお、安永七年（一七七八）から八年にかけて、道東で松前藩がロシア船と接触し交易を求められていた事実を、幕府は天明四年（一七八四）には把握しており（「蝦夷地一件」）、通商への言及がロシアに対して効果的であると見越していた可能性は高い。

幕府は、江戸来航と通商を天秤にかけ、通商を選んだということになるが、この時念頭においていたのは、東南アジア諸国からの通信・通商要求に対応した先例である。長崎奉行所の記録をもとに定信が編んだ「崎鎮要録《きちんようろく》」（一八〇七―八年頃）によれば、承応二年（一六五三）にシャム（タイ）の使節、元禄五年（一六九二）・元文五年（一七四〇）・寛保二年（一七四二）にカンボジアの使節が長崎に来航し、元禄八年には安南（ベトナム）国王から国書が送られてきている。そして、いずれの場合も、幕府は国書の受け取りを拒絶し、通商を容認している。

「長崎口の活路」に関する御三家の徳川宗睦と徳川治保への説明の中で、定信は、「ロシア船が長崎にやってくることは好ましいことではありませんが、カンボジア等の船が長崎へきて既に通商を行っています、ロシアがそのことを知っていればロシアだけが拒絶されたと考えるはずで、それはいかがなものでしょうか」と書いている。ロシアと通商を始めたとしても、それは先例に則して許容される範囲内にあった。

一方、通信を新たに始めた先例はなかった。通信とは、君主が信を通じること、すなわち国書を交換し外交関係を持つことを意味する。幕府がカンボジア等からの国書の受け取りを拒絶したのは、国家間の関係から生起するであろうさまざまな問題を未然に避けるためであったが、通信を避け通商のみを好む態度は、江戸初期以来の傾向を踏襲したものである。

関ヶ原の戦い（一六〇〇年）の後、覇権を握った徳川家康は、東南アジア諸国に対して、数多くの国書を送った。海外に向けて、家康が日本の統治者であることを周知するためだ。慶長一四年（一六〇九）には、国書を携えたオランダの使節が家康を訪れ、家康の国書と交換している。しかし、寛永六年（一六二九）のシャム（タイ）への徳川家光の国書を最後に、将軍が国書を送り受け取る相手は朝鮮国王のみとなった。オランダから次の国書を受け取るのは弘化元年（一八四四）であり、江戸時代を通じて中国との間で国書を交換することはついぞなかった。

こうした伝統を踏まえてのことであろう、ラクスマンへの対応をめぐる議論に参画した老中らは、異口同音に通信拒否を唱えている。通商に関して、蝦夷地でなら認めるという意見が当初から存在したこととは対照的である。

つまり、通信は拒絶し、通商は容認するというのが、先例から導き出される既定路線だったのだが、実は、いずれ断るはずの通信を「活路」に含めたことに、対ラクスマン外交の巧みさがある。ラクスマンに伝達された文面には、「通信・通商は定め置いた他は許しがたいが、もし希望があるなら長崎に行くように」とあった（六九頁）。仮にロシアが来航し、通信・通商を要求したとしよう。この文面に幕府の既定路線を当てはめるなら、定めがあるから通信は許されない、定めはあるが通商には応じる、となる。つまり、「定め置いた他は許しがたい」という語句を挿入することにより、通信の拒否に正当な理由を与える一方で、通商の受け入れを特段の譲歩として強調できるというわけだ。と同時に、将来に向けて、定めがあることを理由に両方を拒絶する道を残したことも重要であろう。「活路」は、ロシアの再来を見越して、柔軟に対応できる可能性を残す、周到に考えられた外交だったのである。

ロシア船の江戸来航をなんとしても避ける。このことを軸に練り上げられた対ラクスマン外交であったが、そこには大きな落とし穴があった。江戸来航を回避することと引き換えに、蝦夷地の外部性をロシアに対して見せてしまうことになったのだ。

対ラクスマン外交の落とし穴

幕府がラクスマンに伝えようとした最も重要なポイントは、申し渡しの第一に掲げた、長崎以外の日本沿岸では外国船を打ち払う国法の存在であった。これに対して、ラクスマンは、寛政四年（一七九二）九月三日の来航以来、翌年の五月七日に松前に向けて出帆するまでの八ヶ月間、打ち払われることなくネモロにとどまり続けることができた。つまり、打ち払いの国法を主張するということは、蝦夷地が国法の及ばない地域であること、すなわち、日本の領域外であると主張することと表裏の関係にあったのである。

しかも幕府は、蝦夷地を国法の及ばない地域とする前提で、対ラクスマン外交を組み立てていた。宣諭使との面会のためにラクスマンを松前に来させる方法として、当初幕府が考えていたのは、船はネモロに残し、ラクスマン他数人を陸路で移動させる方法であった。ロシア船を松前付近に近づけることを嫌ったためである。現地での先遣隊による交渉むなしく、ロシア側の強い希望で海路での移動に応じざるをえなくなった際には、蝦夷地内の松前に近いところまで来航させて、そこまで宣諭使が出向くか、そこから使節を陸路松前に来させるかが検討され、後者が選ばれている。

前章で述べた通り、蝦夷地とは、江戸時代の北海道に対する呼称である。徳川家康からアイヌとの交易を独占する権利を与えられた松前氏の、渡島《おしま》半島南西地域の支配領域は松前地（和人地とも）、そこを除く北海道の大半、先住民であるアイヌの人びとが居住する地域は蝦夷地と呼ばれていた。ラクスマンを松前に出迎えるにあたって、幕府は、蝦夷地と松前地の間を、ロシア船の来航を許容するかしないかで明確に線引きしていたのである。

このような線引きが、裏を返せば、蝦夷地を再来可能な、ひいては、進出可能な地域としてロシアに指し出す意味を持つことを、定信は自覚していたと考えられる。ラクスマンへの申し渡しは少なくとも二度推敲されたが、途中の文案には、蝦夷地に日本の国法が適用されないことを認めるニュアンスの文言があった。それが、最終的には消えているのだ。ラクスマンが打ち払われることなく蝦夷地に滞在できたという実態はともかく、蝦夷地の外部性を認めるような記述を外交文書に載せることは、蝦夷地をロシアとの間の係争地と公式に認めることに等しい。それが文言変更の理由であろう。

線引きのもう一つの危うさは、打ち払いが国法であると宣言しながら、日本の海岸防備体制が十分ではなかったことである。寛政三年九月、幕府は外国船が来航した際、船側が臨検に応じなければ大名たちが武力行使することを認める法令を出した。その年の三月には紀州沖に、七月には九州北部から山陰沖にかけて、正体不明の外国船が来航したことを受けたものであった。寛政四年にラクスマンが来航すると、幕府は、前年の法令を徹底させるため、一一月、沿岸の諸大名に対して、武器等の配備の状況を報告するよう命じた。わかっている限りで、最初に報告書が提出されたのは寛政五年一月、最も遅いのは寛政七年三月である。ラクスマンが来航した時点で、日本の海岸防備は覚束ない状況にあったのだ。ラクスマンに対して打ち払いを国法と主張することは、それが貫徹する保証がないままでの危険な賭けであった。

ちなみに、ラクスマンの船は、幕府の目論見通りにはならず、蝦夷地ではなく松前地の箱館に入港した。宣諭使は、関係者に事情聴取を行い、天候や潮流に起因する意図しない漂着と認め、ラクスマンの上陸を許す一方で、船はエトモ（室蘭）に移動するようロシア側に求めている。着岸はやむないにしても、せめて蝦夷地から帰帆させることにより、打ち払いの国法との折り合いを付けようとしたのだが、交渉は不調に終わり、船はそのまま箱館に繋留されることとなった。このことを知った定信は、「魯西亜人取扱手留」の中で、移動させる方策はいくらでもあったものをと残念がり、「歎息」と書き付けている。定信の口吻からは、ラクスマンとの外交において、打ち払いの国法を貫徹させることが、何よりも優先させるべき事柄であったことがうかがえる。

幕府、蝦夷地を囲い込む

蝦夷地は内か外か

読者の中には、そもそも蝦夷地が、現在の北海道の大半が、ラクスマンとの外交において、日本の国法が適用されない領域外の地域として松前地と区別されていた事実に違和感を持った方がいるかもしれない。たしかに、松前藩は、江戸前期に幕府に提出した地図（九二頁図20）において、蝦夷地を自らの支配領域として描いていたし、国内には、観念的に蝦夷地を日本の領域と主張する者もいた。しかし、定信と同時期の老中の、「蝦夷地を得ても国に益はなく、失ったとしても損はない」（「文公御筆類」）という意見が象徴するように、蝦夷地を日本の外部と前提して組み立てられた対ラクスマン外交は、蝦夷地の江戸時代における国家的位置に照応したものである。

これまで何度か言及してきたが、江戸時代の蝦夷地政策の基本的な枠組みを作ったのは、徳川家康である。その根拠とされるのは、家康が初代藩主松前慶広《よしひろ》（一五四八―一六一六）に与えた次に掲げる黒印状で、これ以降、将軍の代替わりごとに出された朱印状でもほぼ同じ内容が踏襲された。

定め

一諸国から松前に出入りする者たちは、志摩守（松前慶広）に無断で夷仁（アイヌ）と直接商売をしてはならない。

一志摩守に無断で蝦夷地に渡り商売してはならない。ただし、夷仁はどこへ行こうとも自由である。

一夷仁に対する不当な行為は堅く禁止する。

もし、右の条々に背く者があれば、厳科に処す。

慶長九年（一六〇四）正月二七日　（家康黒印）

松前志摩守とのへ

（北海道博物館所蔵）

他の大名であれば、地名を明示してどこどこの領地を与えると書かれるのだが、松前藩に対してはそれがないことがまず特筆される。そして、第一条では、松前氏に無断で、アイヌの人びとと商売することを、第二条では、同様に、蝦夷地に入りアイヌと商売することを禁止し、第三条では、アイヌに対する不当行為を禁じている。文脈から、これら禁止

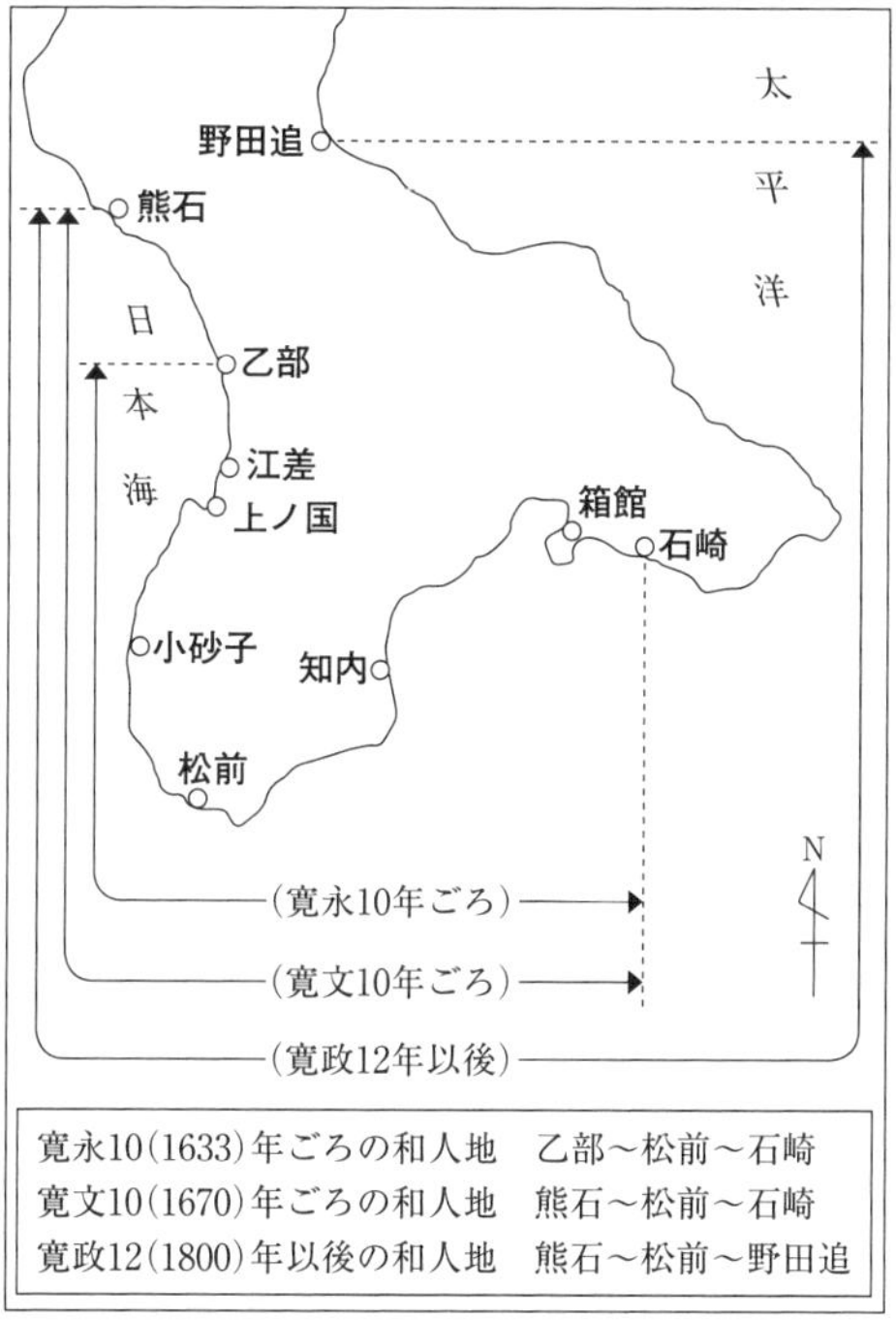

寛永10(1633)年ごろの和人地	乙部〜松前〜石崎
寛文10(1670)年ごろの和人地	熊石〜松前〜石崎
寛政12(1800)年以後の和人地	熊石〜松前〜野田追

図18　和人地の推移（『北海道の歴史』山川出版社，2000年，81頁より）

事項のいずれもが、アイヌの人びとではなく、日本人に向けられていることが明らかだ。

家康が勝手に入ることを禁じた蝦夷地と松前地（和人地）の境は、時代によって変化はあるが、東は石崎、西は熊石までを範囲とする時期が最も長い（図18）。つまり、家康は、蝦夷地と松前氏の支配する松前地とを峻別するとともに、松前氏を、松前地、及び、境界を越えて蝦夷地で活動する日本人を統制する日本最北端の権力として位置づけたのである。このように、蝦夷地を領域の外としてラクスマン外交に臨んだ寛政期の幕府の姿勢は、江戸時代初期以来の蝦夷地の国家的位置から導きだされたものであった。

蝦夷地問題の浮上

近世初頭以来の蝦夷地の位置づけに即して、ラクスマンとの外交に臨んだ定信ではあったが、すでにラクスマン来航の四年前、老中就任から間もない天明八年（一七八八）には、同僚の老中本多忠籌《ただかず》とともに蝦夷地問題について議論を始めている。ロシアの脅威を人一倍気に懸けていた定信のこと、ロシアと日本の狭間にある蝦夷地への対策が焦点となるのは必然であった。

定信と忠籌の前にあったのは、天明五年から六年にかけて実施された蝦夷地調査の関連資料である。「加模西葛杜加《カムサスカ》国風説考」をきっかけに初の本格的な蝦夷地調査が実施されたことからも、ロシアの出現により蝦夷地の地政学的位置に対する幕府の関心が高まったことがうかがえるが、二年にわたる調査では、最上徳内がエトロフでロシア人と接触し、ロシアの千島列島の南下が事実であることが確認され、また、蝦夷地は広大で、人口、物資ともに乏しく、外部勢力の侵入を食い止めることが難しいことなど、松前藩と蝦夷地の関係の詳細が報告された。田沼意次《おきつぐ》が老中の時に実施したこの調査は、田沼の失脚に伴い中止されたため、幕府の蝦夷地への関心は途絶したかのように考えられてきた。しかし、天明の調査をめぐる一連の資料は「蝦夷地一件」と題する記録にまとめられ、幕府の評定所に保管され、以降、蝦夷地政策を考える際の基本資料とされている。

定信と忠籌の間で議論された蝦夷地政策の方向は、大きく二つ。徳川家康が構築した松前藩を介在させる体制を変えずに幕府が後方支援する消極策と、幕府が蝦夷地内に拠点を作り、津軽藩などに蝦夷地防衛にあたらせる積極策とであった。こうして検討が始められた矢先、寛政元年（一七八九）に、クナシリ（国後）と対岸のメナシ（目梨）地域で、アイヌの人びとが日本人を襲撃する事件、いわゆるクナシリ・メナシの戦いが起こった。当初ロシア人の関与を疑う情報が飛び込んできたこともあって幕府に緊張が走った。ただ、ロシアの関与がなかったことを確認できると、幕府は、松前藩にロシアへの対策強化を求める一方で、役人を再度蝦夷地に派遣し、さらなる調査を行うにとどめている。

ラクスマンがネモロに来航したのは、この幕府による二度目の調査がまさに行われていた最中であった。ラクスマン来航の報を受けた定信は、「海辺御備愚意」と「蝦夷御備一件」とを著し、日本の海岸防衛と蝦夷地防衛の重要性を老中らに訴え、蝦夷地問題に関する議論を改めてうながした。この時、評定所の構成員である寺社奉行・勘定奉行・江戸町奉行に対して出した諮問で定信は、琉球や朝鮮は海を隔てて遠いのに対し、松前地と蝦夷地とは「一国のうち」、すなわち、地続きであり、その先は外国に接しているという自らの境界認識を示している（向山誠斎「乙巳雑記」）。定信が蝦夷地問題を重視した理由は、蝦夷地が単にロシアと日本との狭間にあるというだけでなく、松前地と地続きでつながっているという地政学上の位置にあった。

ラクスマンへの対応にあたった宣諭使の任務には、松前地の防衛拠点をさぐる地理調査も含まれていた。しかし、寛政五年七月に定信が老中を辞した後、幕府の蝦夷地政策に目だった動きはない。定信の努力もむなしく、家康以来の体制に修正を加えるほどには、ロシアの脅威に対する危機感が幕府内で共有されるに至らなかったことの表れといえるだろう。しかし、寛政九年、イギリス船の津軽海峡の横断を契機に事態は急転回する。

イギリス船の津軽海峡横断

寛政八年（一七九六）八月一三日、イギリスの測量士官ブロートン（William Robert Broughton　一七六二—一八二一）が船長を務めるプロビデンス号（図19）が蝦夷地のアブタ（虻田）沖に現れた。ヨーロッパにおいても長く未知の領域とされてきたユーラシア大陸北東の沿岸域を調査するためである。外国船来航の一報を受けた松前藩は、ラクスマンの来航時に対応にあたった役人を派遣し、プロビデンス号のロシア人水夫を通訳にブロートンと対話し、来航したのがイギリスの船であることを把握した。ブロートンは二週間ほどアブタ沖に滞在し沿岸の測量を行い、エトモ（室蘭）沖に数日碇泊。その後針路を東にとり、太平洋岸沿いに千島列島のシムシル島までの探査を経て、マカオへ渡り、翌年再来するための準備にとりかかった。一方の松前藩はイギリス船の来航を幕府に急報。幕府は、即刻、役人を蝦夷地に派遣し、来航したのが松前藩の報告通りイギリス船であったことを確認している。

翌寛政九年三月、蝦夷地に向けマカオを発ったプロビデンス号は、四月、琉球の宮古《みやこ》島周辺で座礁。ブロートンは小型の僚船プリンス＝ウィリアム＝ヘンリー号に乗り換え、七月一九日にエトモに再来した。二三日夜に一報を受けた松前藩は、翌日、昨年と同じ役人を現地へ派遣し、二九日には、エトモ沖の船が昨年と同じ、ブロートン率いるイギリスの船であることを知った。同日の夕刻、イギリス船はエトモを離れ、八日後の閏七月八日、箱館沖に姿を現し、翌日には松前沖に移動（八一頁図18）。その日のうちに西へと向かい姿を消した。

図19　寛政８年来航のイギリス船（『蝦夷の島踏』より　国立国会図書館所蔵）

　ブロートンは、沖から見えた松前の様子を「町の中心部近くの船着き場に武装した一隊が整列し、あたかもわれわれの上陸を待ち受けるかのごとく軍旗をはためかせていた」（『ブロートン北太平洋航海記』）と記している。実際のところ、松前藩は、藩兵を沿岸に配備し、ブロートンの船が姿を消した日の夜も夜通しかがり火を焚いて警備にあたった。

松前を震撼させたこの事件の後の幕府の動きを、時系列で並べてみよう。寛政九年一〇月、外国船のさらなる来航に備え、第九代藩主松前章広《あきひろ》（一七七五—一八三三）の江戸参勤を中止させる。同月、津軽藩と南部藩に対し一年交代で藩士を箱館に駐屯させるよう命令。寛政一〇年一月、津軽藩が箱館に五〇〇人を派兵。同年二月、箱館に二藩の駐屯施設を建設し、幕府役人を常駐させることを決定。三月、駐屯施設の建設準備と、松前藩の蝦夷地政策を監察するため役人を蝦夷地に派遣。四月、ロシアの進出の状況を調査するため、近藤重蔵《じゆうぞう》を千島のウルップ（得撫）に派遣。一二月、東蝦夷地と呼ばれる太平洋側の蝦夷地の直轄を決定。

寛政九年一〇月から翌年一二月までの一五ヶ月の間に幕府が見せた急な動きは、イギリス船の津軽海峡横断が幕府に与えた衝撃の大きさを物語る。一連の施策を進めた老中戸田《とだ》氏教《うじのり》（一七五四—一八〇六）は、津軽・南部両藩の箱館動員を決定する際「松前と蝦夷地は海で隔たっており、万一の時に津軽や南部からの援兵もままならない」と記している（向山誠斎「癸卯雑記」）。幕府は、イギリス船の津軽海峡横断に、ここを境に国家が分断される危機を見たのであった。

蝦夷地の幕府直轄

東蝦夷地の直轄が決まった寛政一〇年（一七九八）一二月から翌年一月にかけて、蝦夷地直轄の実務を取り仕切る担当者が任命された。彼らの任務は、「異国境取締」のための「蝦夷地取締御用」、すなわち、外国との境界領域である蝦夷地の防衛であった。

幕府は、箱館に蝦夷地政策をつかさどる奉行所を設置するとともに、蝦夷地内数ヶ所に会所を建設し、外国船の来航など緊急時の情報伝達の体制を整えた。享和二年（一八〇二）には、ヤムクシナイ（山越内）からエトロフまでの範囲に二一ヶ所の会所の設置を確認できる（「休明光記附録巻之九」）。また、南部藩はネモロ・クナシリ・エトロフに、津軽藩はサワラ（砂原）・エトロフに、それぞれ五〇〇人ずつの藩兵を分散して配備するよう命じられた。その内訳は、足軽一〇〇人あたり鉄砲三挺の備えとされ、鉄砲足軽が一五〇人、残りの三五〇人は大工や木挽《こびき》きといった職人等であったという。大砲等の大型の武器は、幕府の拠点である箱館、そして、ロシアの進出が懸念されるエトロフ・クナシリに送られた。蝦夷地内に日本の役人が常駐し、ごく小規模とはいえ軍隊が配備されるのは、江戸時代始まって以来、この時が初めてであった。

寛政一一年に始まる蝦夷地の幕府直轄策は、文化四年（一八〇七）に松前と日本海側の西蝦夷地の直轄へと展開し、現在の北海道全体が直轄の対象となった。直轄の役務を担う

表5　中国船・オランダ船以外の外国船の日本への接近

年	来航した外国船
明和8年(1771)	ベニョフスキー，阿波国日和佐，奄美に来航
安永7年(1778)	ロシア船蝦夷地ネモロに来航し，松前藩に貿易要求
安永8年(1779)	ロシア船蝦夷地ネモロに再来，松前藩は貿易要求拒絶
寛政3年(1791)	アメリカ船レディ・ワシントン号，紀州串本に来航
	イギリス船アルゴノート号博多・小倉に来航
寛政4年(1792)	ラクスマン，蝦夷地ネムロ来航，漂流民の江戸での引き渡しを要求
寛政5年(1793)	ラクスマン帰帆
寛政8年(1796)	イギリス船プロビデンス号（ブロートン指揮）蝦夷地アブタ来航
寛政9年(1797)	イギリス船プリンス・ウィリアム・ヘンリー号（ブロートン指揮）蝦夷地エトモ来航，津軽海峡横断
寛政10年(1798)	アメリカ傭船イライザ号（船長スチュアート）長崎来航．座礁し，翌年に出港*
寛政12年(1800)	アメリカ船エンペラーオブジャパン号（船長スチュアート）長崎来航
享和3年(1803)	7/8アメリカ船ナガサキ号（船長スチュアート）長崎来航，通商要求．拒絶され19日出帆
	7/23イギリス船フレデリック号長崎来航，通商要求．拒絶され27日出帆
文化1年(1804)	レザノフ来航

＊この年のスチュアートの来航は，オランダの傭船として取り扱われたが，その後の来航にも関わるので，ここに記載した．

職名も、蝦夷地取締御用掛、蝦夷奉行、箱館奉行、松前奉行と変化するが、箱館（後には松前）の奉行所が蝦夷地内の会所を統轄し、津軽・南部両藩が軍事力を提供するという、寛政一一年に構築された体制が蝦夷地防衛の基本的な枠組みとなった。

表5は、明和八年（一七七一）のベニョフスキーの来航から文化元年（一八〇四）のレザノフ来航までの間に日本の近海に現れたオランダと中

国を除く外国船をまとめたものである。イギリス船の蝦夷地来航は、幕府からしてみれば、一八世紀後期以降繰り返されてきたヨーロッパ船の来航の一つであると同時に、蝦夷地への関心がロシアに限られないことへの気づきをもたらし、松平定信が警鐘を鳴らし続けた北辺の防衛体制の脆弱さを幕府に痛感させる事件だったといえるだろう。ロシアの出現に端を発して、田沼意次の時に蝦夷地に向けられた注意は松平定信に引き継がれ、イギリス船の蝦夷地来航をもって、ようやく次の段階へと移行したのである。

島国日本の完成

それにしても、松前藩が本州以南から分断される危機を回避するための方策が、なぜ蝦夷地の直轄であったのか。寛政一〇年（一七九八）、直轄を決める際に幕府内で行われた議論を次に紹介しよう。

松前藩の蝦夷地政策を監察した役人三人からさまざまな報告があり、また、ウルップに出向いた近藤重蔵からも現地の様子の報告があった。これによると、松前から遠い奥蝦夷は大変広く、松前藩の支配も行き届いていないようである。その上、はっきりとした境界もなく、制度が不十分なウルップ・エトロフ辺りにロシア人がたびたび渡来し、アイヌは内々に交易をしているようである。このまま放置すれば、松前に近い口蝦夷の方までロシア人が入り込み、アイヌがロシアに従属する事態にならないとも限らない。今後のためにも制度をしっかりと作らなければならない。

（向山誠斎「乙巳雑記」）

蝦夷地がロシアの手に落ちれば、松前藩は地上でロシアと接することになる。松平定信が、蝦夷地が松前と地続きにあることを重視していたことは先述したが、松前を外国の勢力から守るには、戦略上、その地続きの外縁である蝦夷地はどうしても確保する必要があったというわけだ。

次に問題となるのは、どこまでを囲い込むかである。寛政一〇年に近藤重蔵は「大日本恵土呂府」と書いた標柱をエトロフに立てた。しかし、高田屋嘉兵衛《たかだやかへえ》（一七六九―一八二七）によるエトロフへの航路の開拓がその翌年であったことが示す通り、直轄されるまで、エトロフは日本の船が往来する島ではなかった。にもかかわらず幕府がここに会所を設置したのは、ロシア人がすでにウルップに居をしめている事実を近藤の調査が明らかにしたからである。幕府は、エトロフをロシアに対峙する最前線基地と定めたのである。

ただ、蝦夷地と比べれば、幕府のエトロフへの執着の度合いは低い。少し時代は下がるが、文化三年（一八〇六）から四年にかけて、カラフトとエトロフで、ロシアによる日本側施設の襲撃事件、いわゆる文化露寇《ろこう》事件が起こった際、事件発生の報を受けた老中は、箱館奉行に対して、「エトロフは近年進出した場所なので、ロシア側がこれを奪っても取り戻そうと張り合うのはよろしくない。蝦夷地が優先されるべきである」（「休明光記附録」別巻四）との指示を出している。切り捨ててやむなしとする幕府の態度からは、蝦夷地の外郭としてのエトロフの位置づけが透けてみえる。

また、文化四年に日本海側の西蝦夷地と呼ばれる地域を直轄した際には、文化露寇事件を受け、幕府は津軽藩兵をカラフト南端に駐留させたものの、警衛はソウヤ（宗谷）を限りとする基本方針のもと、越年のための建物の建設は無用とするよう箱館奉行に命じている（「休明光記附録別巻二」）。蝦夷地の直轄策において、最大の焦点は、蝦夷地を確実に囲い込むところにあった。

戦後生まれが国民全体の八割を超えた今、日本を「島国」と呼んで違和感を覚える人はごく少数であろう。定信は同じ意味合いで「海国」と表現したが、そのようなイメージが実態と合致するのは、江戸時代初期に徳川家康によって日本の領域の外に置かれた蝦夷地を、幕府が囲い込んだ直轄の時である。一八世紀後期以降のロシアをはじめとするヨーロッパ勢力の刺激を受けて、島国日本はようやく完成を見たといえるだろう。

直轄前夜の松前藩と蝦夷地

ここで、寛政一〇年（一七九八）の監察により支配が行き届いていないと断ぜられた、直轄前夜の松前藩の蝦夷地政策の実態を、一七三〇年代の成立とされる「蝦夷商賈聞書《えぞしょうこききがき》」を手がかりに見ておこう。

徳川家康からアイヌの人びととの交易独占権を与えられた松前氏は、その権利を上級家

図20　慶安の「日本惣図」の蝦夷地　国文学研究資料館所蔵

臣に分け与えた。同書によれば、蝦夷地内の交易地は全部で五三ヶ所あり、クスリ（釧路）以東とソウヤなど七ヶ所が藩主の、それ以外が家臣五七人の交易地であった。交易地と交易権を有する家臣の数が一致しないのは、一つの交易地の交易権が複数の家臣に与えられる場合があったためだ。幕府に提出した最古の地図（図20）において、松前藩は、蝦夷地北方のカラフトと東方にある島々も自らの支配領域として描いているが、同書の交易地は蝦夷地内に限られ、カラフトや千島列島には存在していない。

参考に、同書から、東蝦夷地の交易地二ヶ所と西蝦夷地の交易地二ヶ所の様子を紹介しよう。

アブラコマ（襟裳岬西側）　蠣崎《かきざき》内蔵《くらの》

丞《じょう》の預り。産物は鮫油とアブラメという魚が多い。アブラメは長さ一尺五寸程で塩漬けにして樽詰めとする。品《シ》縄《ナ》もある。三〇〇石積みの船が年に一回派遣される。運上金《うんじょうきん》は年により異なる。

ボロベツ（幌別）　細貝左源次の預り。ここの産物は春夏の塩鱒と秋の生鮭の二品で、二〇〇石積の船が春秋の二度派遣される。運上金は一年三〇両。

飛国《ビクニ》（美国）　近藤惣左衛門の預り。産物は、鰊《にしん》数の子・串貝・鮫油・串煎海鼠《いりこ》、秋には生鮭がたくさんあがるので、運上金は高い。夏の干物類のために三〇〇石積の船、秋鮭には四〇〇石積の船を送る。

テシヲ（天塩）　家老松前内記の預り。産物は、干鮭・熊皮・鹿皮・脇差用の鮫、アイヌがユウベツ鮫と呼ぶ鮫を多く産出する。ここには、ユウベツ（湧別）のアイヌたちが年々鮫油・鯨油・鯨の石焼きというものを持参し取引をする。船は八〜九〇〇石積みの船が派遣される。運上金は三年で三〇〇両。

地名の次にあるのが、その地の交易権を持つ家臣の名であり、「運上金」とあるのは、商人が交易を請け負っていることを意味する。交易権を有する家臣たちは、当初手船と呼ばれる交易船を自前で仕立ててアイヌと取引していたが、一八世紀に入る頃から、運上金と引き替えに商人に請け負わせるようになった。「蝦夷商賈聞書」中の交易地全五三ヶ所の内、「運上金」の語が見えないのは、藩主の交易地であるソウヤとクスリ以東の四ヶ所、家老の交易地一ヶ所のみで、一八世紀前半には商人請負への移行が進んでいたことがうかがえる。

産物には、鮭や鯡、鱈、海鼠《なまこ》などの海産物の他、熊や鹿の皮、鯨油など哺乳動物の加工品、シナやカバの木の皮をなえた「品縄（シナ縄）」が見え、右に掲げた四ヶ所だけでも地域ごとに特色があったことがうかがえる。右の引用で見られない産物としては、太平洋岸を松前から東にたどっていくと、石崎に近いトエ（戸井）からエトモ辺までは昆布、内浦湾沿岸のカヤベ（茅部）からウス（有珠）辺まではオットセイ、トカチ（十勝）からアッケシ（厚岸）にかけて、鶴や鷲、ラッコなどがあり、日本海側のソウヤでは、カラフトのアイヌがもたらす唐物《とうぶつ》と呼ばれる中国製品もある。

テシヲの産物の中には、オホーツク海側のユウベツのアイヌが持参してきたユウベツ鮫があがっているが、これは、干鮭や熊皮、シナ縄などと同様、アイヌの人びとが自前で漁業や狩猟、採集を行い加工した産物である。これに対して、塩鱒など塩による加工品は、商人が日本から持ち込んだ塩を原料とする。請負が始まると、商人は大型の網や道具を交易地に持ち込み、アイヌの人びとを労働力として、漁業・加工を一括して行う生産が始まったとされるが、塩を用いた加工品はそのような生産方式により生産された産物の例である。このように、各地の産物には、アイヌ独自の生産活動によるものと商人の経営によるものとの二種類があり、こうした蝦夷地の自然がもたらす豊かな恵みを、本州以南から持ち込んだ米や煙草、鉄製品、漆器類、衣料品と交換するのが蝦夷地交易の内実であった。

交易は松前藩の管理下におかれていたので、一九世紀に入るまで、交易船が本州から直接蝦夷地に派遣されることはなく、本州以南の船はすべて松前地に入港した。松前地は蝦夷地と本州をつなぐいわばハブであり、松前・箱館・江差の三湊の役所で積み荷がチェックされる仕組みであった。松前から蝦夷地に派遣された船の数を右の四ヶ所で見てみると、アブラコマで年一艘、ボロベツで春秋二艘、ビクニで夏秋二艘、テシヲの船数は不明だが、運上金がほぼ同額のマシケ（増毛）を参考にすると年一艘程度であろうか。派遣される船の数は場所によってまちまちで、イシカリ（石狩）が最も多く、六月から七月にかけて一六艘の船が送られている。

これらの船には上乗役《うわのりやく》と呼ばれる交易を監督する藩の役人が乗り組んだ。一八世紀中頃には、年に一回、上乗役と地域のアイヌの有力者とが面会するオムシャと呼ばれる儀礼が行われたこと、その儀礼の場で、アイヌの人びとに日本の掟を読み聞かせたとする記録が残っている。また、松前地近くのアイヌは、松前を訪れ藩主と面会するウイマムという儀礼を行ったとされる。

以上が、家康の黒印状以来、松前藩が蝦夷地と先住者アイヌの人びととの間でとり結んだ関係である。一七世紀初頭、家康が松前氏に北辺を行き交う日本人の統制を課したのは、藩の存立基盤の一つであるアイヌの人びととの交易が、平穏に維持されることを求めたからである。ところが、そのようにして構築された松前藩の蝦夷地政策のあり方は、一八世紀末には、制度がない、支配が行き届いていないと指弾されるにいたった。ロシア、そして、イギリスまでもが蝦夷地をうかがう事態の前に、松前藩の蝦夷地政策は時代遅れの陋《ろう》習《しゅう》として否定されたのだ。

アイヌ政策の転換

さて、幕府による蝦夷地の直轄は、松前藩が国境線を挟んで外国と地上で対峙することを回避するために、その狭間にある蝦夷地を囲い込むことを眼目とした政策であり、軍事上の戦略であったわけだが、実際の直轄政策においては、「夷人の服従」をはかることが方針の第一に掲げられた。広大な蝦夷地の海岸全域に外国の勢力を寄せ付けないよう軍備を整えるのは不可能という現状認識と、ロシアが「戦争や攻撃ではなく、ただ情けをかけ、慈しんでいるように見せかけて、人を手なづける」（「休明光記巻之一」）ことにより、国家を拡大させた方法に学んで導き出された方針であった。

幕府が直轄の意図を説明した趣意書は、次のように始まる。

蝦夷地は未開の地であり、アイヌは衣食住が整わず、人としての道もわきまえていないことは哀れである。そこで、幕府が役人を派遣し、徳によってアイヌを教化し、次第に彼らが日本の風俗に変わり、日本に厚く服従し、万一外国から懐柔されるようなことがあっても、心が動くことのないよう思い込ませることが第一である

（「休明光記附録巻之一」）

趣意書はこの後、アイヌに農業や日本語を教えたり、日本の風俗に改めさせるなどの施策の詳細が続き、最後は、現地の担当者に対して、政策推進のため、互いに励み、粉骨するよう奮起を求めて終わっている。

右の最初の文章にも明らかな通り、趣意書は、自らの民族・文化を優れたものとみなし、他の民族・文化を劣ったものとさげすむ自文化中心主義に彩られている。しかも、アイヌの教化を、哀れな状態にあるアイヌを救うための方策とする論理は、山村才助《さいすけ》が「訂正増訳采覧異言」で明らかにした、文明のヨーロッパがアメリカ・アフリカを支配する論理に他ならない。蝦夷地直轄化の論理は、ヨーロッパの植民地主義の論理に刺激され構築されたのだ。

このような、先住者であるアイヌの人びとへの差別意識に基づいた一方的で独善的な教化策が受け入れられるはずはない。趣意書の掲げた風俗改変などの同化政策は、享和二年

（一八〇二）には早々に放棄される。また、先に触れた文化露寇事件において、幕府は、エトロフのアイヌが日本人とともに戦うことなく逃亡する事態に遭遇している。

この失敗は幕府にとっては想定外のことであったと思われるが、ことの成否はともかく、何より重要なのは、直轄に際して、アイヌの教化策が初めて採用されたという事実である。ロシアの植民地獲得運動を念頭に進められた幕府による蝦夷地直轄は、アイヌの人びととと日本との関係を新たな歴史段階へと導く重要な転換点となった。

「鎖国」外交の成立

ロシア使節レザノフの長崎来航

ラクスマンが松前を発って一一年後の文化元年（一八〇四）九月六日、遂に、ロシアの使節レザノフ（Nikolai Petrovich Rezanov　一七六四—一八〇七）が長崎伊王島《いおうじま》に現れた。同志社大学の所蔵する「魯西亜渡来一件」には、レザノフとの最初の接触やロシア船を迎え入れたばかりの長崎の様子などを記した、九月一六日付けの長崎奉行の報告が収められている。これまでほとんど知られてこなかった史料なので、その報告に基づき当時を再現してみよう。

　九月六日昼過ぎに野母《のも》の遠見《とおみ》番所で一艘の外国船を確認しました。同日夕方、商館長他二人のオランダ人とオランダ通詞たちが出向き、夜八時頃伊王島にて、どこの船で何の目的で来航したのかを確かめ、その夜は伊王島に停泊させました。船はオランダ船によく似ていて、近年のオランダ船よりは大型で、日本人漂流民四人を含む八五人が乗り組んでいます。

代表のレザノフは、昼夜左右に一人ずつ護衛が付き、日本の国持ち大名に当たる身分の高い人のようです。レザノフは、オランダ語とフランス語ができ、日本語も少しわかるので、オランダ商館長やオランダ通詞の通訳により意思の疎通はできました。なぜ来航したのかを問うと、ロシア皇帝からの書簡と進物を江戸の将軍に届け、拝礼するために遣わされた使節であると答えました。書簡は三通あり、ロシア語、漢文のようなもの（実際は満州語）、そして和文で書かれています。また、ラクスマンに渡した入港許可証を持参しているかと尋ねると、大切にしている様子で、箱詰めにして、美しい織物で包んだものを恭《うやうや》しく差し出しました。

国書を手渡すように求めたところ、レザノフは自ら江戸へ出向き手渡すことを希望しており、長崎奉行と直接交渉するのでなければ応じられないと拒みましたが、八日の夜に写しを配下の役人に手渡すことで合意しました。また、武器・弾薬を預ける交渉も難航しましたが、鉄砲七七挺をはじめとする武器類を差し出したので、これらは船蔵に収めました。

伊王島から神ノ島を経て神崎へ、ロシア船の停泊地が少しずつ長崎港内へと近づいていくのにともない、諸藩の聞役《ききやく》が続々と長崎に集まり、警備も充実しています。今年の当番である佐賀藩は、ロシア船が来航して二、三日の内に一万人余りを長崎に派遣し、非番の福岡藩からも一〇日までに一五〇艘の船と一万人余りが派遣されました。福岡藩の船飾りの美しさは格別で、佐賀藩兵が駐留する西泊《にしどまり》と戸町《とまち》の番所は、幕を張りめぐらせ、旗や馬印が立てられ、夜には、一間（一八〇チセンチ）に一本ずつ高張提灯を掲げ、浜ではかがり火を焚いています。ロシア船の停泊する神崎より沖の警備は福岡藩の担当で、神ノ島から深堀まで、海も山も各所に武器を備えています。その様子は、源平合戦を描いた屋島の図さながらとの評判です。ロシア船の前後には、中黒の幕を張った奉行所管轄の番船六、七艘が付き、その周囲を、佐賀藩と福岡藩の大船が固める様子は実に壮観です。私たちは、対応に追われて時間がとれませんでしたが、昨日、ようやく大村藩の船に乗り、港の様子を実見することができました。警備の状況は目を驚かすほどで、今後は現在のさらに五、六割増しほどに厳重になると見込まれます。

長崎の警備体制

長崎奉行が江戸に報告した長崎港の警備の様子は、一七世紀半ばに構築された体制が機能した姿である。福岡藩と佐賀藩が一年交代で警備にあたる仕組みは、寛永一八年（一六四一）に始まった。寛永一六年に来航の全面的な禁止を伝えたにもかかわらず、翌年また来航したポルトガル船を焼き沈め、乗員六一人を処刑したことから、ポルトガルの武力報復を想定して警備体制が敷かれたのである。

正保四年（一六四七）に再来したポルトガル船は平和裏に帰帆したが、これをきっかけに、戸町番所と西泊番所が整備され、当番の藩の藩士が駐屯し、武器や弾薬を納める蔵が建てられた。四月に当番を交代して九月にオランダ船が出帆するまでの間は千人近くの藩兵が駐留し、オランダ船の帆影が見えなくなると一部撤収した。承応四年（一六五五）には大砲を設置する台場が築かれ、長崎港内の三ヶ所は当番が、港外の四ヶ所を非番が預かることになった。

長崎港内の警備は長崎奉行の管轄下にあり、港口は、領地を有する大村藩と佐賀藩とがそれぞれ警備にあたった。港外の航路に位置する藩もそれぞれ警備を担い、熊本藩には軍船を手配する任務があった。長崎警備にかかわったのは、福岡、佐賀、熊本、薩摩、萩、小倉、久留米、柳川、対馬、唐津、島原、平戸、大村、五島の全一四藩で、各大名は長崎の蔵屋敷に聞役と呼ばれる家臣を常駐させ、長崎奉行の指示や情報にもれなく対応できるようにしていた。

野母に置かれた幕府の遠見番所は、長崎半島の先端にあり、五島《ごとう》列島から薩摩半島までを広く見渡すことができた。外国船が見えると、直接船で長崎奉行所に知らせる方法と、小瀬戸《こせど》の遠見番所に旗で知らせる方法とが併用された。小瀬戸からは二つの経由地を通って長崎奉行所の立山役所に伝わるルートができていた。大村や佐賀、五島藩なども遠見番所を設けていたので、外国船来航の長崎奉行所への伝達ルートは複数存在した。

図21　長崎港内外に置かれた幕府の番所

長崎は、海への備えが国内で最も手厚い場所であり、ロシアの軍事力を警戒していた松平定信が、ラクスマンに長崎への来航を促したのもうなずける。

「魯西亜渡来一件」によれば、ラクスマンが帰帆して一ヶ月後の寛政五年（一七九三）七月、定信は、長崎奉行に入港許可証の控え

（七〇頁図17）を渡すとともに、ラクスマンへの対応の詳細を説明し、ロシア船の来航に備えるよう指示を出している。それを受け、長崎奉行は、長崎警備の主役である福岡、佐賀の二藩と他の一二藩の聞役を呼び出し、入港許可証の取り扱いや船の繫留場所等について細かく指示した。奉行管轄の長崎代官や遠見番等の役人、長崎の町年寄ら町人へも船の手配等それぞれの任務の遂行を命じ、各持ち場での対応策が固まったのは翌寛政六年の一月であった。長崎奉行が屋島の図のようだと描写した警備の姿は、ロシア船の来航を想定した万端の準備の成果であった。

ロシアの要求

九月八日に受け取った国書の写し三通の内、ロシア語・満州語は読解不能、和文は意味不明であったため、長崎奉行はオランダ人に命じてロシア語をオランダ語に翻訳させる一方、オランダ通詞がレザノフの元に赴き、一語一語本人に確認しながらオランダ語に翻訳し、正確な内容把握につとめた。国書に書かれていた要求は次の通りである。

使節を江戸の将軍に拝礼させることを希望する。

①ラクスマンが漂流民を送り届けた際に手厚く対応してくれたこと、再度来航する時のために長崎港への入港許可証を交付されたことへの謝意を表するため。

②通商の開始を願うため。

③皇帝よりの国書と進物を直接手渡すため。

（「通航一覧巻二七七」）

この他、国書には、日本からの漂流民を連れてきたこと、ロシア国内のすべての港において漂流民を保護することを命じているので、今後、漂流民をどこに連れ戻せばよいか、また、もし通商が許されるなら、カムチャツカ周辺からアリューシャン列島、北米にかけての港から何艘でもどこの港へでも船を派遣する心づもりであると記されていた。

カムチャツカから北米にかけての地域から船を派遣する。実はここに、ロシアが使節を派遣した動機が現れている。ロシアは、これら植民地の経営安定化のために、食料や日用品、資財等の物資供給元として、日本との通商関係を構築したいと考えていたのだ。

図22　レザノフ（「視聴草」より　国立公文書館所蔵）

レザノフは、妻の父シェリホフ（Grigorii Ivanovich Shelikhov　一七四七—九五）の合同アメリカ会社を発展的に解消し、一七九九年に勅許を得て国策会社として植民地経営を行う露米会社を設立した人物であった。ロシア宮廷に職を持ち、かつ、政府側の会社の監督官でもあったレザノフは、北太平洋諸島と北米の北太平洋岸北部における漁猟・貿易・植民を独占する特権を有する露米会社の実質的な支配人であり、日本との通商の必要を皇帝に訴え、全権使節に任命されたのである。

レザノフの日本への派遣は、クルーゼンシュテルン（Ivan Fedorovich Kruzenshterun　一七七〇—一八四六）の世界周航計画と抱き合わせで行われた。実際、レザノフは、長崎到着時に、前年の六月にロシアを出発し、デンマークのコペンハーゲンから、カナリア島を経てブラジルへ渡り、そこから南方を太平洋へと回って、当年七月にカムチャツカに到り長崎に来航したと伝えている（「魯西亜渡来一件」）。露米会社の介入により縮小されたが、もともとクルーゼンシュテルンの計画は、北米の毛皮を中国に運び巨利を得ているイギリスに刺激され、毛皮を広東《かんとん》で売却した後、中国の商品をヨーロッパに運ぶことを目論んだ計画であった。レザノフの来航は、中国を主な輸出先として、毛皮交易の利益をめぐって、北米を舞台にヨーロッパ諸国がしのぎを削る競争の一端をなしていたのである。

ゼロ回答

長崎奉行は、国書の和訳が完成すると、九月一四日、訳文とともに対応について指示を仰ぐ伺いを江戸に送り、一〇月二日に老中の元に届いた。担当を命じられた土井利厚《どいとしあつ》を中心に老中の間で検討が進められ、一〇月中には、江戸拝礼を拒絶し、国書も進物も受け取らず、通商要求も拒否する方針が固まっている（「蝦夷乱届書」）。ラクスマンの時も江戸行きの希望は拒絶、国書の受け取りは拒絶するというのが幕府の立場であったが、通商には応じる余地を残していたので、ロシアからの正式な要求に対して、幕府は初めて拒絶を決断したことになる。

なぜそのような決断をしたのか。それは、外国船の来航が増加の一途をたどっていたからである。前節で示した外国船の日本への接近の表（八八頁）を見てほしい。これによると、ベニョフスキーの来航からラクスマン来航までの二〇年間では五件であったものが、以後の一〇年間だけでそれを上回る六件ある。しかも、通商の要求は、安永期のロシア船に始まり、レザノフ来航の前年には、アメリカ船・イギリス船によりなされている。

前章で明らかにした通り、この頃の日本では、ヨーロッパが世界を席巻している状況がよく理解されていた。それだけではなく、ではなぜヨーロッパが世界を支配できるのかという点についての構造的理解も深まっていた。寛政一〇年（一七九八）、「天下に無敵の国はヨーロッパである」と喝破《かっぱ》した本多利明《りめい》のヨーロッパ分析を紹介しよう。

世界中の産物や宝貨はすべてヨーロッパに集まっていると言われる。なぜかといえば、ヨーロッパは万国に船舶を出して、自国の産物や機器類を輸出し、代わりに、相手国の金銀銅や産物を輸入するからである。これによりヨーロッパは次第に豊饒となった。

（『経世秘策』）

新井白石以来、日本では、対外貿易により金銀銅の国家の富が流出することへの警戒感が強く、それに基づいて長崎貿易が統制されていたが、利明の右の文章からは、ヨーロッパ理解が深まるにつれ、その警戒感に新たな要素が付け加わったことがうかがえる。世界貿易により富を蓄積し、強国化するヨーロッパと通商するということは、つまり、単に日本が失うにとどまらず、日本が失ったものを飲みこんでヨーロッパがさらに強大化することに他ならないことへの気づきである。幕府は、ヨーロッパが通商を求める背景を理解した上で、ロシアとの外交にロシア一国にとどまらない意味を読み込み、通商要求を拒絶することを選んだのであった。

「鎖国論」成る

幕府の選択を後押ししたのが、「鎖国論」である。江戸時代の日本のあり様を世界でも類まれな存在として賞賛した同書は、平田篤胤《あつたね》ら国学者に広く普及し、江戸時代後期のナショナリズムの形成に寄与した書物として知られるが、レザノフとの外交に臨む幕府に、ヨーロッパに対してどう向き合うべきかを教えた書物でもあった。

「鎖国論」は、長崎の蘭学者志筑忠雄《しづきただお》がドイツ人ケンペル（Engelbert Kämpfer　一六五一―一七一六）の『日本誌』（“De Beschryving Van Japan”（一七三三年））から、日本の外交体制について分析した論文を抄訳したものである。享和元年（一八〇一）の成立。長崎警備の一翼を担う平戸藩主松浦静山《まつらせいざん》所蔵の、『日本誌』他各種の蘭書を活用して翻訳されたもので、遅くとも享和三年までには、静山を介して若年寄堀田正敦《まさあつ》ら幕府中枢に届いたと考えられる。

ケンペルは、元禄三年（一六九〇）から五年まで、オランダ商館の医師として日本に滞在し、元禄四年と五年の二回、商館長の江戸参府に随行している。元禄時代といえば、平和が到来して、生産力が上がり、経済が成長し、主に上方を中心に都市文化が繁栄した時代である。「鎖国論」は、その日本に居合わせたケンペルが、自ら観察した日本の政治や社会、宗教に、歴史的な考察を加えたものであった。

ケンペルは「鎖国論」の冒頭で、執筆の目的を次のように語っている。

地球上の国や地域は、風土により異なった産物を有し、すべてを備えたところはない、だから、神は、お互いに足りないものを補い合う通商を、人間にとって欠くことのできない営みとされた、ところが、神の意志に反して、国を閉ざし、国民が外国人と通商することを禁じ、外国船が近づくことを拒み、しかもなお、平和と安定と豊かさを実現した国がある、それが日本である。なぜそのようなことが可能なのかを解明しよう。

「鎖国論」という題名は、元のタイトル「今の日本人が全国を鎖《とざ》して、国民をして国中国外に限らず敢て異域の人と通商せざらしむる事、実に所益あるによれりや否の論」を、志筑が一言で表現したもので、「鎖国」は志筑の造語であるが、要は、ケンペルが、日本は「鎖国」していると断定していたのである。

出島のオランダ商館は、日本との貿易を行うために作られた施設である。そこに勤務するケンペルは、いわばオランダ貿易の当事者である。しかも、出島のある長崎の港では、中国船が往来している。それなのに日本が「鎖国」しているとはどういうことなのか。長崎貿易に対するケンペルの評価の要約を次に掲げよう。

（オランダ貿易について）オランダと日本の交易は一七世紀初めに始まった。オランダ人は長崎港の牢屋ともいうべき場所（出島のこと）に居住させられ、行動は常に監視下に置かれている。犯罪人や人質と変わるところなく、オランダに期待されているのは、世界の動向を伝えること（オランダ風説書のこと）のみである。通商は行ってはいるが、日本にとってなくてはならないものというわけではない。

（中国貿易について）日本の政治・文化の源流は中国にあり、日本にはその恩があるために長崎での通商を継続している。キリシタンの取り締まりが厳しくなると、中国人はオランダ人よりも低い位置に置かれるようになったが、中国人同士の競争もあり、また、中国人はけちで欲深いので、どんなに利益や得が小さくてもそれを甘んじて受け入れている。

要するに、長崎で行われているオランダ・中国との貿易は、神の意思の下ヨーロッパが世界で繰り広げる、不足を補い合う通商には当たらないとして、切り捨てられているのだ。また、江戸時代の日本は、対馬藩を介して朝鮮と、薩摩藩を介して琉球と、松前藩を介して蝦夷地・アイヌと、政治上・経済上の関係を維持していたが、ケンペルは「琉球・蝦夷・高麗と周辺の諸島は日本の将軍を君主と仰いでいる」と述べるにとどまる。

「鎖国論」を読んだ江戸時代の読者は、いや日本は国を閉ざしてなどいない、ケンペルはわかっていない、と思ったに違いない。しかし、ヨーロッパを念頭に置いたロシア外交という観点から見ると、「鎖国論」には無視できない指摘があった。「鎖国」されるまでの経緯を紙幅を費やし詳細に論じた上で、「鎖国」を断行したのは三代将軍徳川家光である、と明確に述べているのだ。

確かに家光は、寛永一〇年（一六三三）から一六年にかけて、日本人の海外渡航や在外日本人の帰国を禁止し、外国船の入港を長崎に限るなど、外国との通交を制限する命令を出した。ただ、寛永一六年の法令が禁じたのは、ポルトガル船の来航のみであり、他のヨーロッパ船の来航を禁じたものではない。ケンペルの理解は、ここでも歴史的事実とは異なるのだが、それはともかく、ケンペルの説に従うなら、仮に日本がロシアと通商を始めれば、家光以来二〇〇年近く国を鎖してきた日本の外交体制の大転換ということになる。

そうなると、他のヨーロッパの国々が我も我もと通商を要求してくることは必然であろう。

文化露寇事件の一報が入った際、松平定信は、その原因となったレザノフへの対応をめぐり、ロシアとの通商を始めれば他のヨーロッパ諸国が同じ要求をしてくる可能性が幕府内で議論されていたことに関して、要求をかわす方法として、隣国の朝鮮や琉球との間に有する従来の通交関係を拡張して、その枠に、隣国であることを以てロシアを組み入れる道を示している（「蝦夷地一件意見書草案」）。幕府にとって、通商要求の拒絶が唯一の選択肢ではなかったことがうかがえるが、にもかかわらず拒絶を選んだのは、幕末、ペリーに譲歩して和親条約を結んだことが（一八五四年）、イギリス（同年）、ロシア（同年）、フランス（一八五五年）、オランダ（同年）との条約締結へとつながったのと同じ道筋を、幕府が「鎖国論」の中に見たからであろう。世界研究の進展は、単にヨーロッパの動きを知るにとどまらず、ヨーロッパに対していかに振る舞うかを考える手がかりを、ヨーロッパの見方、考え方に見出そうとする動きを生み出していたのだ。

「さっと御手切の御処置」

すべてを拒絶するという回答は、ラクスマンの時と同じように、申し渡すという形で伝達された。そのために幕府が長崎に派遣した役人とレザノフが最初に面会したのは、文化二年（一八〇五）三月六日。翌七日、江戸の役人同席の下、長崎奉行によって教諭書と呼ばれる申渡が読み聞かせられた。その概要は次の通りである。

①日本は諸外国との通交を厳禁している。中国・朝鮮・琉球・オランダの船は往来しているが、これは通商の利を求めてのことではなく、長い歴史と謂《いわ》れがあってのことである。しかし、貴国は、近年漂流民を松前につれてきて、今また長崎に来航し通商を望んだに過ぎない。したがって、通信・通商の望みについて検討する余地はない。

②隣国であっても、諸外国とは通交しない。風土が異なり相互理解が難しいから、代々の法により許されていない。

③礼物は受け取らない。礼に往来は欠かせないが、我が国は貴国の礼物に答えることができないからだ。

④通商は行わない。我が国の政治・経済上の障害となるからだ。通商を行わない以上、新たに通信を結ぶこともしない。

回答は以上の通りである。再来することなかれ。（『通航一覧巻二八二』）

これをラクスマンへの申し渡しと比較してみよう（六八―六九頁）。ラクスマンへの申渡でも、最大の懸案であった江戸行きを阻止するために、打ち払いの国法があることを冒頭で宣言しており、要求に応じられないことを冒頭で端的に述べるという教諭書の構成は、ラクスマンへの申渡を踏襲している。大きな違いは、文末にある。ラクスマンへの申し渡しでは、交渉の余地を残していたのに対して、教諭書では、二度と来るなと言い放っているのだ。②から④は拒絶の理由を述べたものであるから、教諭書で幕府が伝えたかったことは、冒頭の諸外国との通交厳禁の原則と文末とに尽きている。

レザノフは六ヶ月間滞在した長崎で、出島にオランダ人がいること、中国船が港内を往来していることを目にしている。そのレザノフに向かって、幕府が諸外国との通交厳禁を宣言できたのは、「鎖国論」の論理を借りたからである。中国・朝鮮・琉球・オランダとの関係は、通商の利を求めたものではないし、特殊な事情があってのことという①の説明は、先に見た「鎖国論」そのものである。つまり幕府は、「鎖国論」の論理を使って、教諭書の冒頭で通交厳禁を宣言することで、交渉の余地がないことを示し、二度と来るなと文末を閉じることで、再来が無駄であることを伝えようとしたのである。ここには、ロシアに限らずヨーロッパ諸国からのすべての働きかけを断ち切りたいという幕府の切実な思いを読み取ることができる。

実は、レザノフ来航の一報が入ってまもない時期に、老中は「さっと御手切の御処置」、すなわち、ずるずると後に長引かせない姿勢で臨むことを確認している（「蝦夷乱届書」）。長崎への入港許可証を与え、交渉の余地を残したラクスマンへの対応からの大きな転換であった。日本を取り巻く国際環境は、他のヨーロッパ諸国の動きを勘案することなしに、ロシア外交に臨むことのできない段階へと進んでいたのである。

レザノフは、すべてを拒絶されたことに憤慨したが、文化二年三月一〇日に漂流民の引き渡しを済ませると、一九日、長崎を後にした。六ヶ月余りにわたるロシア船の長崎滞在は、こうして幕を閉じた。

ゼロ回答の代償
―文化露寇事件―

文化三年（一八〇六）九月から翌四年六月にかけて、ロシア船がカラフト・エトロフにある日本側の施設や船を散発的に襲撃する事件が起こった。いわゆる文化露寇事件である。長崎で通商要求を拒絶されたレザノフが、武力で圧力をかけて交渉の道を開こうと企てたのだ。皇帝の正式な許可もすぐには得られず、海軍の主な兵力が中国へ移動していたことを重くみたレザノフは、いったん部下に出した襲撃命令を撤回したのだが、部下の独断により強行されたのである。

レザノフへの対応を主導した老中土井利厚は、武力紛争へと展開する可能性を軽視していた節がある。ただ、それが無知による楽観であったかと言えば、そうではない。志筑忠雄は「鎖国論」のあとがきで、ロシアは、対外面ではドイツやトルコと緊張関係にあり、国内では内乱がしばしば起こり、内外の事情からとても日本に手を伸ばす余裕はないと述べている。今で言う国際関係論的な視角からの志筑の分析は、土井の強硬姿勢に親和的であった。意外な事態の展開に幕府が狼狽したであろうことは想像に難くないが、この事件が幕府に与えた傷は、当時の為政者の予想をはるかに超えて、幕府の存立を脅かす深刻なものとなった。

文化三年九月に襲撃されたカラフトにいたのは、日本の漁業従事者のみであったが、翌年四月に襲撃されたのは、蝦夷地を直轄するに際して、幕府がエトロフに設置した会所であった（前節）。防衛を任務とするはずの幕府の役人と南部藩の藩兵は戦うことなくして敗走。同年五月には、ソウヤ近海で、援軍のために派遣された幕府船が襲撃され、乗組員はここでも早々に船を放棄し、船内の武器をロシア側に奪われた。

蝦夷地には、駐留する幕府役人や津軽・南部の藩兵の他、交易のために商人の船も出入りしていたから、ロシア船が引き起こした事件は、さまざまなルートを介して国内に伝えられた。風聞が飛び交い、幕府への批判が渦巻いた。批判は、エトロフの敗走と幕府船が略奪された失態に集中した。たとえば、平田篤胤は、元寇の時神風が吹いて元軍が全滅し勝利を得た歴史に触れ、幕府の失態を「女々《めめ》しい」と痛烈に批判し、日本始まって以来の恥と断じている（「千島の白波」）。

徳川家康が政権を握るにあたって、その正統性を担保したのは武威《ぶい》である。武家の政権が成立し得たのは、国内の反乱や外国の攻勢に対峙し、制圧する武力を有するところにあった。幕府の直轄となったばかりのエトロフへの襲撃を国土の蹂躙《じゅうりん》と見なすような見解は、当時まだ生まれていなかったが、武威を、江戸幕府の正統性を、文化露寇事件は大きく損なったのである。

このことは、以後の幕府の外交姿勢にも影を落とした。幕府は外国からの要求にいかに対するのか。それは、日本開闢《かいびゃく》以来の恥を雪《すす》ぐような態度であるのか。文化露寇事件を機に、幕府の外交姿勢は人びとの注視の的となった。幕府は、外国から通商を求められたからといって、レザノフに示した諸外国との通交厳禁の原則を、そう易々と放棄できない袋小路に追い詰められたのだ。こうして「鎖国」は、ナショナリスティックな色彩を帯びながら、国是へと転化した。ペリーの砲艦外交に屈して国書を受け取ったときに幕府の瓦解《がかい》が始まる構図は、この時成立したのである。

ヨーロッパを受容し、ヨーロッパに対抗する

この章では、ロシアを脅威として認知した後、ヨーロッパが世界を席巻している事実を知るにいたった日本において、政治・外交以外の領域でどのような動きが生まれたのかを検証する。

司馬江漢と本多利明

つながる世界を可視化する

まずは、図23を見てほしい。これは、第一章第三節「世界研究のはじまり」で紹介した司馬《しば》江漢《こうかん》の『地球全図』（一七九二年）の一部で、アフリカ喜望峰付近の拡大図である。アフリカ大陸の南端、中国で喜望峰と意訳された「カアプデグウデホヲフ」の横に「ヲランダ人大西海（大西洋）ヲ渡リ、此所ニ舟ヲツク《（着）》ル」と注記がある。喜望峰からは、大西洋に向けて二本、インド洋に向けて二本の点線が伸び、インド洋側の南の線には「東海ジャカタラヨリノ舟道」とある。「ジャカタラ」はオランダが拠点を置いたジャワ島のこと。つまり、この点線は、喜望峰と東方のジャワとを結ぶ航路を意味する。同図の海上には、このような点線が縦横に走り、ユーラシア・アフリカ・南北アメリカ・オーストラリアの五つの大陸を結んでいる。これ以前

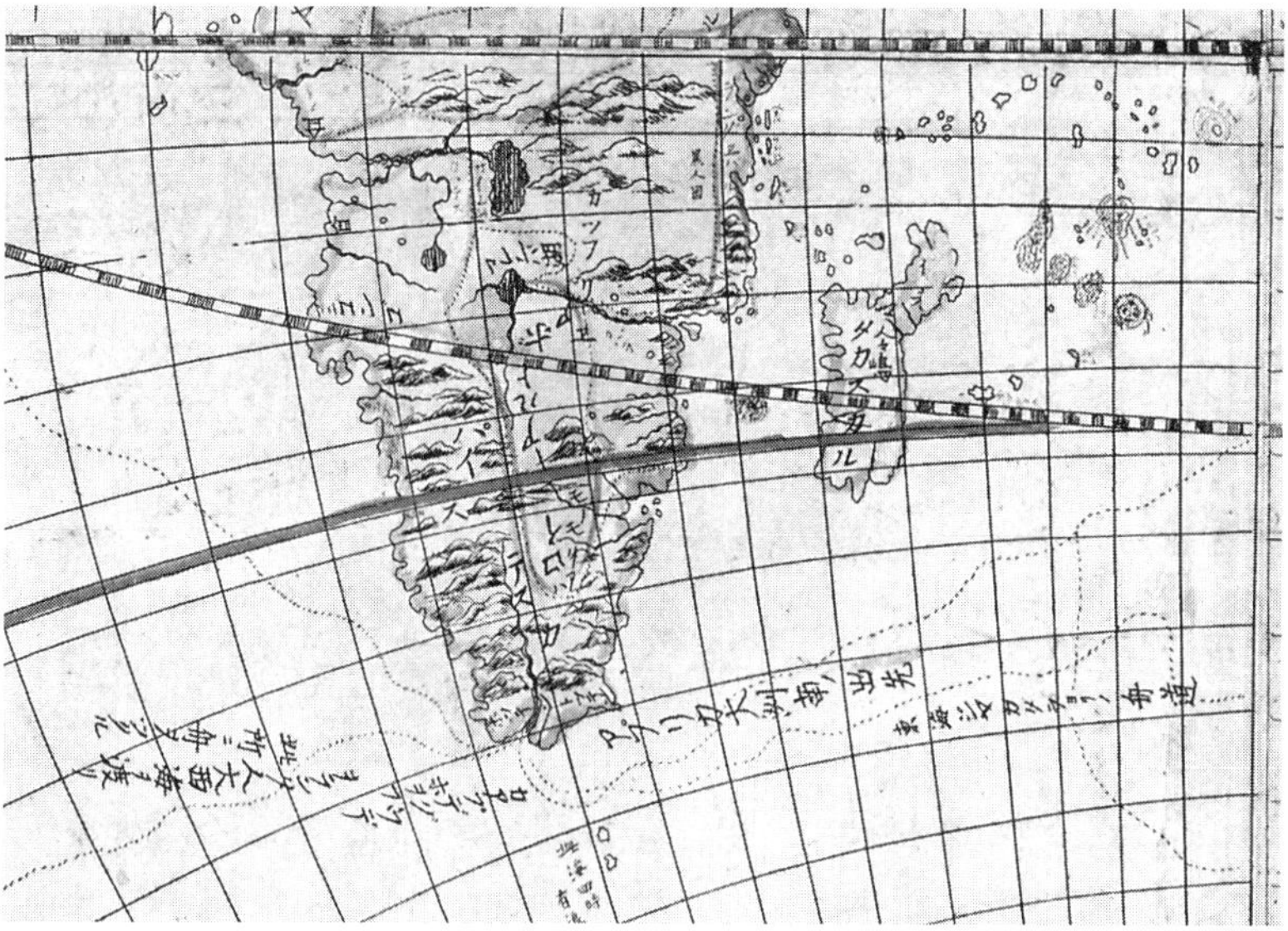

図23　司馬江漢『地球全図』（部分）　神戸市立博物館所蔵
Photo：Kobe City Museum／DNPartcom

に国内で出版された世界地図に、航路を描いたものは存在しない。江漢の『地球全図』は、つながる世界を日本で初めて可視化した世界地図であった。

航路の主役はヨーロッパである。『地球全図』の解説書『地球全図略説』（一七九三年）の、江漢の説明を見てみよう。

> ヨーロッパの国々は万国へ渡り、交易を行うことを国務の第一としているので、天文・地理を探究することを重視している。また、航海のため、測量の術にも優れている。

寛政九年（一七九七）の同書増

補版の冒頭に付された「地球全図小言」にも、次のようにある。

地球の全図は、ヨーロッパ諸国にとって無くてはならないもので、娯楽のためのものではない。彼の地では、支配者から庶民にいたるまで、天文・地理の学問を修めない者はいない。彼らは、大型の船を造り、世界を一周して、無人の島を開き、未開の国を教化しているのだ。

これらを総合すれば、同図の海上を走る点線は、天文・地理の研究を深め、測量術に長けたヨーロッパ諸国が、大型船舶により地球上の大洋をくまなく航海するまさにその様子を表すもの、ということになる。

江漢の『地球全図』は、日本で初めて出版された、東半球図と西半球図から成る世界地図として知られるが、実はこれに少し先んじて、桂川《かつらがわ》甫《ほ》周《しゅう》が木版で印刷した地図『万国地球全図』がある（図24）。西半球図のみの、未完成に終わった作品だが、これに航路は描かれていない。甫周は、江漢が原図とした『モルティエ世界図』（一七二〇年）（図25）を参照していたことが確実で、しかしこれ以外に複数の地図を検証して作図したとされる。その結果、甫周の図では、江漢の図にあるまぼろしの大陸メガラニカは姿を消し、南北アメリカの描写も江漢よりも正確であるという。甫周の関心が、世界の地理を正確に把握することにあったのに対し、江漢の方は、正確性よりも、むしろ、世界がどのようにつなが

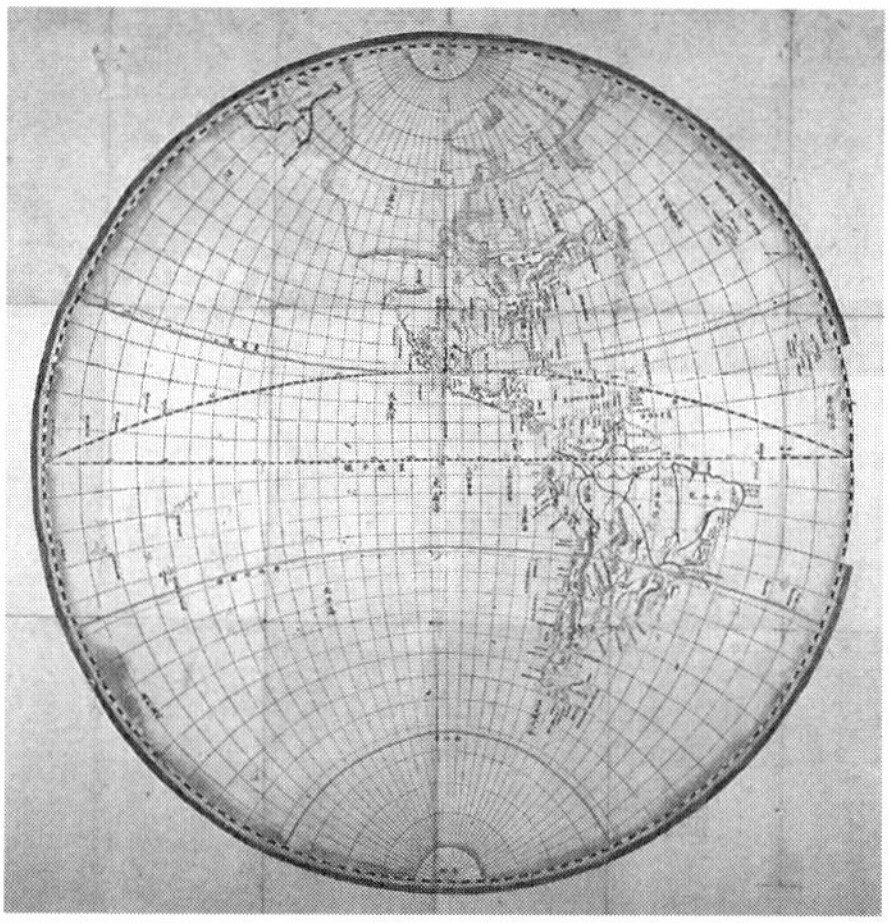

図24　桂川甫周『万国地球全図』　神戸市立博物館所蔵　Photo：Kobe City Museum／DNPartcom

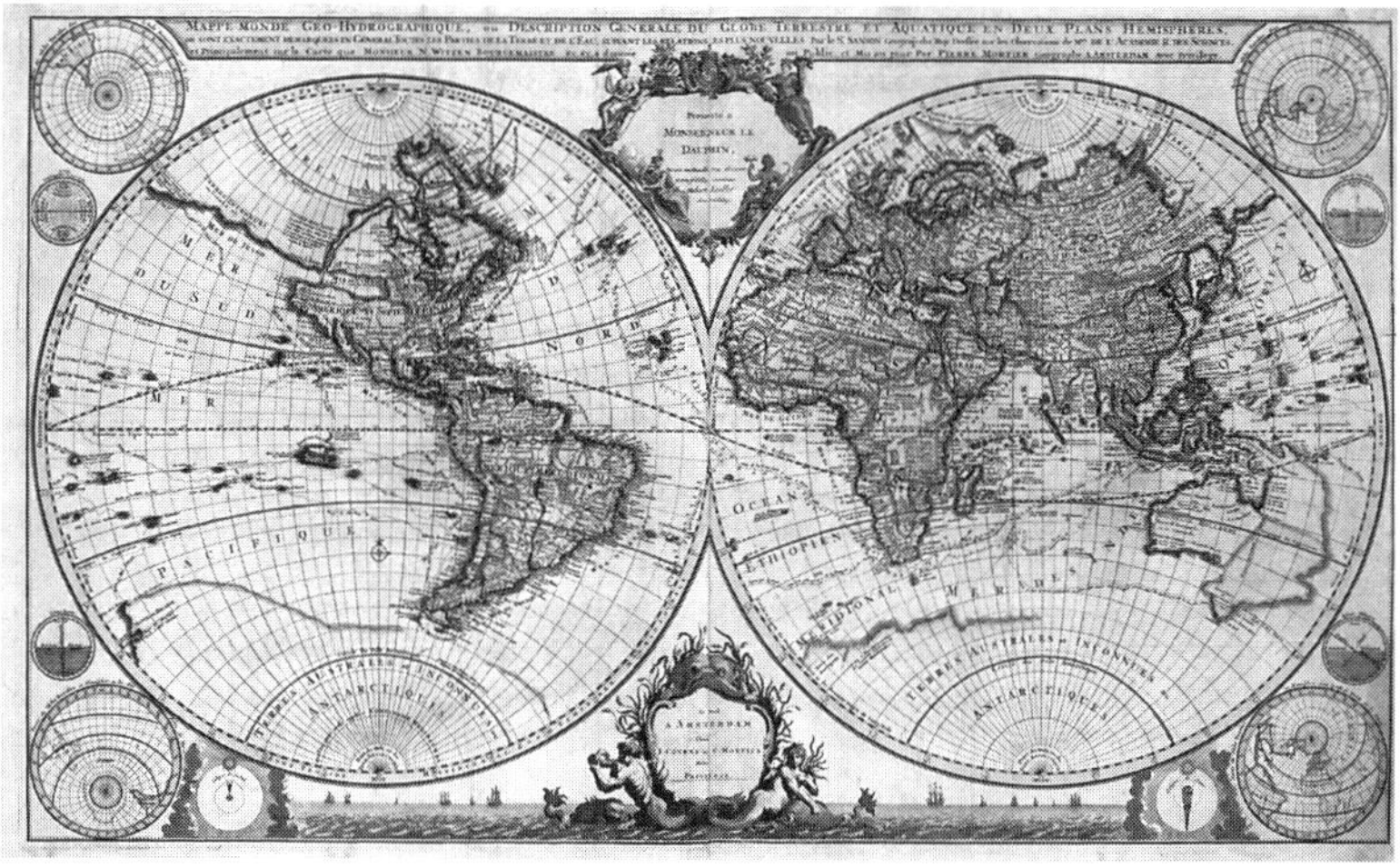

図25　『モルティエ世界図』　神戸市立博物館所蔵　Photo：Kobe City Museum／DNPartcom

っているのかに強い関心があったといえるだろう。

幕府の外国船対策と『地球全図』

さて、江漢が『地球全図』を出版するに際して、松平定信から条件付きで許可を得たことはすでに述べた（第一章第三節「世界研究のはじまり」）。その事情を伝えるのが、次に紹介する寛政五年（一七九三）二月の米沢藩医堀内林哲《りんてつ》（?—一八一二）に当てた江漢の手紙である。

この度私の世界地図が完成するに際して、松平定信様に内々にお伺いしましたところ、私が懇意にさせていただいている諸大名様へ差し上げることとし、それ以下の人には送ってはならず、また売り物にもしてはならないとのことでした。銅版印刷したもので、心を用いてよい物となりました。近々解説書の方もできる予定です。最新版ができましたら、お送りいたします。（片桐一九七〇）

そして、実際に地図を送った三月の送り状には、「御隠居様」に渡してもらうつもりで取り置いたもの、と記している。このとき、林哲は隠居した上杉治憲《はるのり》（のちの鷹山《ようざん》、一七五一—一八二二）付きであり、「御隠居様」とは治憲のこと。江漢は、定信の命に従い、林哲を介して地図を治憲に届けたのだ。

ではなぜ、定信は、配布先を大名に限ることを条件に、江漢に地図の出版を許したのだろうか。これには、定信が着手した全国レベルでの海岸防衛推進策がかかわっていたと考えられる。

繰り返しになるが、第二章第二節「幕府、蝦夷地を囲い込む」に掲げた外国船来航の表によると(八八頁)、寛政三年には、三月にアメリカ船が紀州沖に、七月にイギリス船が山陰沖に現れている。船籍は後で確認されたことで、来航した時点では、紀州の方はロシア船ともイギリス船とも噂され、山陰の方はロシア船ともシャム船とも言われた。要するに、正体不明の外国船が、列島を挟んで太平洋側と日本海側に現れていたのである。

これを重く見た幕府は、同年九月、沿岸に領地を持つ大名に向けて、異国船取扱令を出した。異国船とは、中国船を除く外国船のことで、来航した外国船の臨検と沿岸防衛とを大名に命じたのだ。それまで、外国船への対応は、正保二年（一六四五）に出された老中の命令に準拠し、外国船が来航すれば、大名は幕府に報告し指示を仰ぐことになっていた。これに対して、一五〇年ぶりに出されたこの法令は、外国船が臨検を拒めば幕府の指示を仰ぐことなく武力により撃退するよう大名に命じており、外国船への対応に関する大名の権限を大きく拡大するものであった。

翌寛政四年一〇月にラクスマン来航の一報が江戸に届くと、その翌日、定信は「海辺御備愚意」を老中らに回覧し、全国的な海防体制を整備する必要を説いたが、その中で、前年の異国船取扱令に関して、実効性がおぼつかないから各藩の進捗状況を把握すべきと論じている。そして翌一一月、幕府は、警備の状況を報告する海防報告書を提出するよう沿岸諸大名に命じた。

度重なる外国船の来航を受けて、幕府は諸大名に海防の充実を求めたわけだが、幕府の蝦夷地政策がなかなか進まなかったことにも象徴される通り（第二章第二節「幕府、蝦夷地を囲い込む」）、この時期、皆が皆、ロシアの脅威や外国船の来航を深刻にとらえていたわけではない。泰平の世が続く中で、そもそもなぜ海防なのか、ピンとこない大名も少なからずいたであろう。しかしこうした危機感の薄い大名であっても、江漢の『地球全図』を見れば海防の必要性を理解できるはず。なぜなら、すべての大陸が航路でつながっていることが一目瞭然であり、外国船がいつ来てもおかしくない状況にあることを視覚に訴えられるから。これが、定信が『地球全図』の出版を条件付きで許可した理由であったと考えられる。

なぜヨーロッパは世界に進出するのか

ヨーロッパによってつながる世界を可視化した司馬江漢に対し、「なぜ」にこだわったのが本多利明《りめい》である。利明は、江漢に教えられた地動説を自著で紹介する一方で、『地球全図』等江漢の作品に改訂を加えるなど、二人は関心を同じくする同志であった。

利明が問うた「なぜ」の一つ目は、なぜヨーロッパは世界に進出するのか、である。利明の代表作『経世秘策《けいせいひさく》』（一七九八年）は、国を富ますための秘策として世界貿易と蝦夷地の開発を提案した著作として知られるが、そこではヨーロッパが世界で繰り広げる貿易について、その理由を次のように解説している。

世界中の産物や宝貨はすべてヨーロッパに集まっていると言われる。なぜかといえば、ヨーロッパは万国に船舶を出して、自国の産物や機器類を輸出し、代わりに、相手国の金銀銅や産物を輸入するからである。これによりヨーロッパは次第に豊饒となった。そして、豊饒であるが故に剛強となった。ヨーロッパが外国から侵略されることはないが、その逆、ヨーロッパが世界中の国や地域を侵略することは数知れない。スペインは、南北アメリカの国を奪い、都を移して支配している。その他、ポルトガル、イギリス、フランスはアメリカに属国がある。インドネシア、スマトラ、ボルネオ、ルソンは皆ヨーロッパの属国である。従属していない国には商館を設けて、その国の王侯と交易して大きな利益を得ている。属国でなくとも、ヨーロッパのために尽くしていると言っていい。このような私たちには考えもつかない大事業をすべて意のままに成就させて、ヨーロッパは天下に無敵の国となった。

富国強兵のための世界進出。これが、一つ目の「なぜ」に対する利明の解答であった。興味深いのは、利明が、属国のみならず出先に商館を置いて行う貿易を、ヨーロッパの強大化を助ける手段と見なしていることだ。利明の目には、長崎のオランダ商館で行われる貿易もまた、一方的に進出して利益を集めるヨーロッパの経済活動そのものに映っていたことになる。山村才助《さいすけ》は、ヨーロッパ勢力が世界を席巻し、他の大陸への支配を広げている事態を明らかにしたが（第一章第四節「ヨーロッパとは何か」）、併行して、世界が構造化される契機についての考察も深まっていたのだ。

目指せ、大英帝国

その生涯で、ロシアの脅威への強い危機感から北方に関する著述を数多く残した利明だが、彼の関心はロシア以外のヨーロッパ、とりわけイギリスに向けられていた。

『経世秘策』と同じ寛政一〇年（一七九八）に成った「西域物語」において、利明は、カムチャツカから千島列島にかけてロシアが進出した事実に触れ、他国を侵略してでも本国を増殖させることこそが国の務めであるにもかかわらず、「我国の属島」を無残にも他国に奪い取られるとは言葉もない、と残念がり、これを取り戻すことができれば、東洋の「大日本島」も、西洋の「エケレス島」と同様、「大富国・大剛国」になることができると述べている。利明によれば、ヨーロッパの大国とは、本国は小国であっても属領を多く持つ国であり、イギリスは、世界中に属領を有するヨーロッパ随一の大国である。利明は、大英帝国の繁栄ぶりに、日本の可能性を見たのであった。

なぜ、利明がイギリスに注目したかといえば、それは、蝦夷地をうかがう第二のヨーロッパ勢力として警戒したからである。「西域物語」の中で、利明は、寛政八年と九年のイギリス船の蝦夷地来航の目的について、ロシアによる千島列島の植民地化がヨーロッパ中に知れ渡っており、様子を見届けるために来航したものであろうと推測している。

利明には、『経世秘策』の習作ともいうべき「自然治道之弁」（一七九五年）と題する著作がある。しかし、イギリス船の来航以前に成ったこの習作では、世界貿易にも、イギリスにも触れるところはない。イギリス船の二度にわたる蝦夷地来航は、蝦夷地政策を根本から変更させるほどの衝撃を幕府に与えたが（第二章第二節「幕府、蝦夷地を囲い込む」）、利明もこの事件におおいに刺激を受け、イギリスの動向について学びを深め、同じ島国でありながら、世界貿易により世界の覇者となったイギリスに日本が進むべき道を見いだしたのだ。残念ながら、利明がどのようにイギリスを学んだのかはわからない。しかし、イギリス船が長崎港に侵入した文化五年（一八〇八）のフェートン号事件やアヘン戦争（一八四〇―四二年）より以前に、蝦夷地問題に端を発して、イギリスを強く意識する者は現れていた。

「科学」と「技術」の発見

利明の問いにもどろう。二つ目の「なぜ」は、ヨーロッパはなぜ世界のどこへでも航海することができるのか、である。江漢はヨーロッパの海外進出について、天文・地理の探究を重視し、測量術にも優れていると解説していたが、利明は特に天文学について次のように踏み込んだ解説を加えている。

ポーランドに、ティコ・ブラーエという者がいた。後世に名を残そうと、人類にとって最も難しい天文学を志し、昼夜怠ることなく天体観測を行い、遂に、太陽と地球の直径を測定するにいたった。その弟子のコペルニクスという者は、俊英で師の意志を継いで努力を重ね、新たに望遠鏡を製作し、天地の観測を究め、太陽は不動で地球は一昼夜に一度自転しているという師の説に基づき、工夫を凝らすとともに、師の足りないところを補い、誤りを正し、新たな暦を確立した。

（「西域物語」）

利明のこの解説、誤っている。ポーランドのコペルニクス（Nicolaus Copernicus　一四七三―一五四三）の地動説が先で、デンマークのティコ・ブラーエ（Tyco Brahe　一五四六―一六〇一）は、地球を中心に月と太陽が回り、太陽を中心に他の惑星が回るという、天動説と地動説を組み合わせた折衷的な枠組みで宇宙をとらえていた。また、望遠鏡の発明は、ブラーエ死後の一六〇八年で、自作の望遠鏡で天体観測を行ったのはガリレオ（Galileo Galilei　一五六四―一六四二）である。

ただ、利明の記述を間違いと片付けては重要なことを見失う。ここで注目すべきは、利明が、ヨーロッパ天文学の優秀性を、観測機器を用いて天体を仔細に観測し、そこから法則を導きだす能力に見たことである。science の訳語として「科学」の語が生まれるのは明治に入ってからなので、ひとまず「 」を付すが、利明がヨーロッパ天文学に見いだしたのは、観察により法則性を見いだす「科学」の営みであった。

利明が発見したのは「科学」だけではない。これを応用した「技術」の卓越性にも気づいていた。ヨーロッパの航海術の解説を見てみよう。

ヨーロッパの船で最も重要な機器は羅針盤《らしんばん》である。これにより方角を知ることができ、世界各国どこへでも正確に渡航することができる。羅針盤に付属する機器は、ヲクタント《象限儀》・カラアートボク《十字度測器》・アスタラヒユム《半丸平面、一八〇器》・セーカルタ《蜘蛛糸平面図》等である。いずれも、天文測量のための機器である。これらに習熟することなく航海する船を盲《めくら》乗りという。「支那」や日本の船乗りがまさにこれである。かつてある人がオランダ商館長ヘンミイ（Gijsbert Hemmij　一七四七―九八）に、日本の船を何乗りと呼ぶかと尋ねたところ、ヘンミイは、片目乗りと答えた。なぜかと問うと、岸に沿って陸地のみを目印にして航海する以外に方法があることを知らないからだ、という。では、「支那」の船は何乗りかと尋ねると、ヘンミイ曰く、盲乗りである、と。その理由を問うと、「支那」の船は日本の船より大型で、陸を遠く離れて航海するが、法則もなく、だいたいこの方角であろうといたずらに船を出すので、盲乗りというのが妥当である、と答えた。この悪口は、ヘンミイの妄言か、それとも、オランダではそのようにあざ笑っているのだろうか。恥ずべきことであり、恐るべきことである。

（「西域物語」）

「ヲクタント」も「カラアートボク」も「アスタラヒユム」も、天体の高度や方位を測定する道具で、地球上の経緯度を測るいわゆる天文測量に用いた。「セーカルタ」は、港や岬等の経緯度を詳細に記した針路図のこと。これらの道具を用いることによって、ヨーロッパの船は、自らの位置を知り、目的地に間違いなく到達することができるが、これらを用いない、したがって、船の正確な位置を把握できない中国や日本の航海は「盲乗り」「片目乗り」というわけだ。

天文学の知識を航海という実用に落とし込む能力に長けたヨーロッパとそうでない中国・日本。もともと芸術を意味する語であった「技術」が、technology の訳語として用いられるのもやはり明治期に入ってからなので、これにも「」を付すが、利明はヨーロッパに、東アジアにはまだ存在していなかった「技術」を見出したのであった。

本多利明が問うた三つ目の「なぜ」は、ヨーロッパは、天文学と航海術において、なぜ、中国や日本より優れているのか、である。享和三年（一八〇三）の著作「交易論」で、利明は、世界貿易について次のように述べている。

なぜヨーロッパは「科学」と「技術」に優れているのか

ヨーロッパは文明が始まってから六〇〇〇年余りが過ぎた。アフリカ、アジア、アメリカがこれに続く。言うまでもないことであるが、「支那」と日本は、アジア大陸の東端にあり、小国に過ぎず、「支那」は尭（古代中国の伝説上の聖王）以後三千年余、日本は神武以後二〇〇〇年余しか経ておらず、ヨーロッパの半分にも満たない。そのためであろう、年を追うごとに国家を豊かにするという目標を長い時間をかけて実現するべく、国力を厚くする真の方法を民に教え、万国に渡航し交易を行わせ、他国の国力を抜き取って我が国に入れる秘策が、「支那」と日本で未だ行われていないことは、残念この上ないことである。

ヨーロッパが世界に進出できるのは、六〇〇〇年もの時間をかけて進歩してきた結果であり、歴史の浅い中国・日本にはそれができていない。これが世界貿易をめぐる彼我の差異に関する利明の分析であるが、実は、前節で紹介したヨーロッパ天文学の詳細も、どこよりも早く文明が始まったヨーロッパの優越性を語る文脈で記述されたもので、そこには、長い歴史を経て到達した地動説を「知らない者はいない」ヨーロッパと、「夢にも知らない」中国・日本とを対比した箇所もある。天文学と航海術におけるヨーロッパの優位は、長い歴史がもたらした精華であった。

利明は、ヨーロッパの源流をエジプト文明に求める。おそらく天文学発達の系譜に重ねた解釈であろうが、興味深いのは、利明が、ヨーロッパと日本との間の圧倒的な時間差を乗り越えられると信じていたことだ。利明は、「西域物語」に「オランダの都、アムステルダムの開祖 某《なにがし》が国家を興した経緯のこと」という項を設け、ある傑物が現れアムステルダムを開発し、その後わずか三〇〇年ほどの間に、オランダは世界進出を果たして繁栄を遂げ、ヨーロッパ有数の国家に成長したと説き、続く「評判」の項で、日本においても、天文・地理研究を推進しつつ、蝦夷地からカムチャツカまでを開発し、世界貿易を積極的に展開すれば、オランダよりはるかに豊かな「大良国」になれると論じている。「科学」と「技術」を手に入れさえすれば、ヨーロッパは追いつき追い越すことが可能な目標であった。

ところで、利明を「科学」と「技術」の発見者とすることに違和感を持った読者がいるかもしれない。『解体新書』が出版されたのは安永三年（一七七四）。ヨーロッパの科学を学ぶ動きは、もっと早くに始まっているではないか。同書の訳者杉田玄白は、中国医学にあきたらず蘭学に進んだわけで、至極もっともな指摘である。しかし、富国強兵をはかるべく、欧米の進んだ科学・技術の摂取による殖産興業を推進した明治政府の姿勢の源流をたどれば、利明のヨーロッパ論に行き着く。利明の画期性は、「科学」と「技術」を国家の存亡を左右する国力の基盤として見出したことにある。

中華のゆらぎ

本多利明は、「西域物語」の冒頭で、オランダを「畜生国」、すなわち、人間の国ではなく獣《けもの》の国と見なす考え方が当時の日本にあることを批判して、次のように述べている。

なぜこのような考え方になったのか、その理由をたどると、国が始まって以来、日本には「支那」の書籍以外に書物がなく、これらを熟読することにより真理に到達し、知見を開くのが学問の方法とされてきた。そのため、「支那」以外の国々をすべて野蛮な国とみなし、そこに聖人は存在せず、人としての道もないという偏見に凝り固まっており、そこにすばらしいことがあったとしても、それを理解し認める人が少ないのだ。

このように、儒学と、その母体である中国の否定は、利明がヨーロッパに与える高い評価と表裏の関係にある。山村才助は中国をヨーロッパに匹敵する文明として描いたが（第一章第四節「ヨーロッパとは何か」）、ヨーロッパはなぜ世界に進出できるのかという問いを突き詰めて考え、「科学」と「技術」がその基盤にあることに気づいた利明には、ヨーロッパと中国との差は歴然として見えたのだ。先に中国の航海術をめぐる「盲乗り」の話は紹介したところだが、利明の中国評を、「西域物語」からさらにいくつか紹介しよう。

①「支那」の古い説で、天は円形、大地は平らで方形と考えられて以来、清朝（一六四四―一九一二）になる前までこの説が信じられてきた。

②天地の道理を究めようとすれば、数学・天文学を究めて後、ヨーロッパの書物を読んで真理に到達するのが近道である。「支那」の書ならば、清朝の天文書を学んだ上で、西洋の書物に基づきその理論が打ち立てられた経緯を学ぶのがよい。明朝（一三六八―一六四四）までの天文書は、真理に基づかない憶説や誤りに満ちており、取るに足らない。

③康《こう》熙《き》帝（一六五四―一七二二）の時、天文官にとりたてられたフェルディナンド・フェルビースト（Ferdinand Verbiest　南懐仁《なんかいじん》　一六二三―一六八八、イエズス会宣教師）は、測量機器を製作し、天体観測を行い新しい暦を作った。この成果を含む数々の天文にかかわる漢籍は、日本に入り暦を改める資料となった。つまり、日本の今の暦はヨーロッパが作ったものといえる。にもかかわらず、ヨーロッパを「夷狄」と呼んでさげすむのは愚かなことではないか。

④日本は、国家を豊かにするという国が果たすべき務めを知らないため、天文学をもっぱら暦を作るためのものと片付け、一向に重視せず、「支那」の「山国」の風俗のみを是とする考え方がある。そのため、天文・地理・航海の道が実は一つの道理であることを深く研究した人が日本にはまだ現れていない。

⑤「支那」は東北西の三方は陸続きであり、運送に差し支えることが多いので、飢饉の時に民を救うことは難しい。しかし、日本は幸い「島国」であるので、天文・地理・航海の方法を習得すれば、飢饉があっても一人の餓死者も出すことはない。

①から③は、中国がヨーロッパ天文学を受容する経緯を述べたもの。③の日本の暦への言及は、寛政九年（一七九七）に、高橋至時《よしとき》（一七六四―一八〇四）が、やはり康熙帝の時にイエズス会宣教師イグナチウス・ケーグラー（Ignatius Kögler 戴進賢《たいしんけん》 一六八〇―一七四六）の編纂した『暦象考成後編』（一七四二年）を元にして暦を完成させたことを指す。蘭学は、ヨーロッパのまなざしから世界を見直すことによって中国の相対化を進めたとされ、蘭学者が「中華」や「中国」に代えて用いた、オランダ語 China の訳語「支那」は、その動きを象徴する語と評される。利明が、「支那」の語を多用しながら、ヨーロッパ天文学との比較において中国を批判的にとらえ直したことは、その一例である。

ただ、寛政の改暦が漢籍に学んで作られたことにも明らかな通り、日本の天文学は中国の影響下にあり、となれば、日本は「支那」よりも劣ることになる。また、歴史の長さを尺度としてヨーロッパの優位を説明した利明の論理に従うなら、「支那」と日本との間には一〇〇〇年の時間差が存在する。ところが利明は、「支那」と日本とを、時間差ではなく地理的条件の違いに注目して比較する。すなわち、④と⑤で、利明は、周囲三方が陸地である「山国」中国に「島国」日本を対置し、周囲を海に囲まれているからこそ、天文学や航海術の習得によって開かれるであろう日本の可能性を論じている。

「西域物語」をさかのぼること十余年。利明とも交わりのあった林子平《しへい》は、『海国兵談』第一巻の中で、「山国」中国に源流を持つ日本の兵学は、「水戦」を念頭においておらず、海に囲まれた「海国」日本の防衛の役には立たないと批判している。子平が同書で、江戸の日本橋から中国、オランダまで、隔てるものもなく海でつながっている、と記したことは教科書にも紹介されているが、外国船来航に対する危機意識から、中国に学ぶことへの疑念、日本は日本なりの対応策を模索すべきという考え方が生まれていたのだ。そして、外国船への強い関心は、利明にも共通する。風土や環境などさまざまな地理的条件から国家の政策を論じる学問を地政学と呼ぶが、外国船の来航に刺激を受けた二人は、まさに地政学的観点から、日本が採るべき独自の道を提案しようとしたのであった。

利明には、日本と中国を比較した次のような文章もある。

日本は、神武以来皇孫が続き、他国に犯されたこともなく、「支那」よりもはるかに誉れ高い国である。これほどめでたい日本であるのに、「支那」を模範とするのは浅はかなことである。

（「西域物語」）

「皇国」と「支那」

神武以来皇統の続く日本。天皇を戴く世界でたった一つの国として日本を誇る意味合いを持った「皇国」の語は、国学者賀茂真淵《かものまぶち》（一六九七―一七六九）に始まるが、本居宣長《もとおりのりなが》（一七三〇―一八〇一）が、寛政八年（一七九六）に『馭戎慨言《ぎょじゅうがいげん》』を出版し、「からもろこし（唐土・唐）」を「中国」「中華」と呼ぶことを批判し、日本を「皇国」と呼ぶよう主張して以降、儒学や蘭学といった分野の違いを超えて、知識人たちに広く用いられるようになったという。天皇の存在を第一に掲げる利明の国家意識は、「皇国」の語の普及と軌を一にする。これに対して、天皇の次に言及された、他国に犯されたことがないという歴史は、蘭学における世界研究の展開によって強く意識されるにいたった歴史観である。志筑《しづき》忠雄《ただお》の弁を次に紹介しよう。

天下によく知られた土地で、開闢《かいびゃく》以来、争い奪われることも、世の乱れに巻き込まれることもなく、いまだかつて外国の奴隷となったことのない我が国のような国が一体どこにあるだろうか。

（「鎖国論」あとがき）

「鎖国論」のあちこちに付された注記には、「万国管闚《かんき》」（一七八二年）と題する世界地理書を著すなど、世界の情勢に通じた志筑の豊かな知識がちりばめられている。志筑が他から犯されたことのない歴史を日本だけが有する個性として抽出し得たのは、世界の歴史を知ればこそであった。

利明に世界の歴史や地理を教えた山村才助にも同様の文章がある。

> 我が国で、古来仏教の教えに従い、粟散辺土《ぞくさんへんど》と自称して、自国を卑下《ひげ》するのは、愚かの極みである。仏陀の国は、古くはギリシヤに攻められ、帝王はとらわれの身になったし、今はムガル帝国に併合されイスラム教の国になっているではないか。遠い昔から今にいたる迄変わることなく「神霊」が脈々と続く「帝国」と同様に取り扱っていい訳がない。（「訂正増訳采覧異言」）

日本を粟粒が散らされたような辺境の小国とみなす仏教の世界観の否定に始まり、「神霊」すなわち天皇を戴く「帝国」との自負で締めくくる文章の間を埋めるのは、古代にはアレクサンドロス大王に攻撃され、今やムガル帝国に支配されるインドの歴史である。仏教の源流であったはずのインドはイスラムに屈服しているではないか、日本とは大違いだ。才助の声が、行間から聞こえてくるようだ。才助も志筑も、この時期の世界研究を先導した世界通である。古来他国に従属したことのない日本の歴史を誇る二人の態度は、世界の歴史を興亡の歴史と知ることで強化されたのだ。

国学者平田篤胤《あつたね》が、文化露寇事件における幕府の敗北を、日本始まって以来の恥と厳しく批判したことは先に触れた（第二章第三節「「鎖国」外交の成立」）。篤胤が前提としたのも、他国に犯されたことのない日本の歴史である。篤胤は、神道講釈の中で、「鎖国論」を、ケンペルが世界を回って見た結果、「御国《みくに》（日本のこと）」ほど結構な国はないから、その事をありのままに記した書物と紹介し、世界に稀な日本のすばらしさを正しく見抜いていると高く評価する。篤胤が「鎖国論」を参照しながら、日本の強さと日本人の勇猛さを語った部分を紹介しよう。

〇ケンペルが言うには、日本は地勢が堅固で、外国からの攻撃を恐れる必要がない。

蒙古襲来のようなこともあったけれど、彼らはとんと勝つことはできなかった。

〇ケンペルの指摘する通り、「御国」の人は雄々しく勇ましい。だから、心の底には、この国は神国だ、我々も神孫だ、何だ「毛唐人《けとう》」めが、「夷狄《いてき》」どもめが、蹴散《けち》らしてやるぞ、という気持ちがある。あれほどの大国が、獣のように卑《いや》しめていた「夷狄」に国を全て奪いとられ、「北狄《ほくてき》」を君主と敬っている（清朝のこと）。こんな腰抜けは、「御国」には一人もいない。（「古道大意」）

このように、「皇国」の姿は、国学と蘭学とが交差しながら、寛政期以降、次第にその輪郭が明らかになっていった。利明の代表作二篇は、「皇国」の語が普及する最初期に生まれた。利明に見られるヨーロッパの信奉と中国の否定、そして、日本の独自路線の追求は、日本の近代化を支えた思潮を先取りするものであったといえるだろう。

つながる世界と日本の自画像

『新訂万国全図』成る

文化七年（一八一〇）、地球上の大陸を航路が結ぶ二つ目の世界地図が完成した。幕府天文方高橋景保《かげやす》の『新訂万国全図』である（図26）。先に、ロシアの存在を明記した初の刊行世界地図と紹介した、あの地図である（第一章第三節「世界研究のはじまり」三六頁）。

喜望峰付近の描写を、司馬江漢の『地球全図』（一二一頁図23）と比較してみよう。景保の図（図27）には、喜望峰から点線（------）が四本、一点鎖線（-·-·-·-）が四本、江漢の倍の計八本の線が東西に伸びている。喜望峰の西、北側の点線（①）には「西洋人コーク安永四年（一七七五）航海帰路」、南側の点線（③）には「安永元年九月十八日」との注記が見え、喜望峰の東、南側の点線（⑤）には「西洋人コーク安永元年航海路」とあ

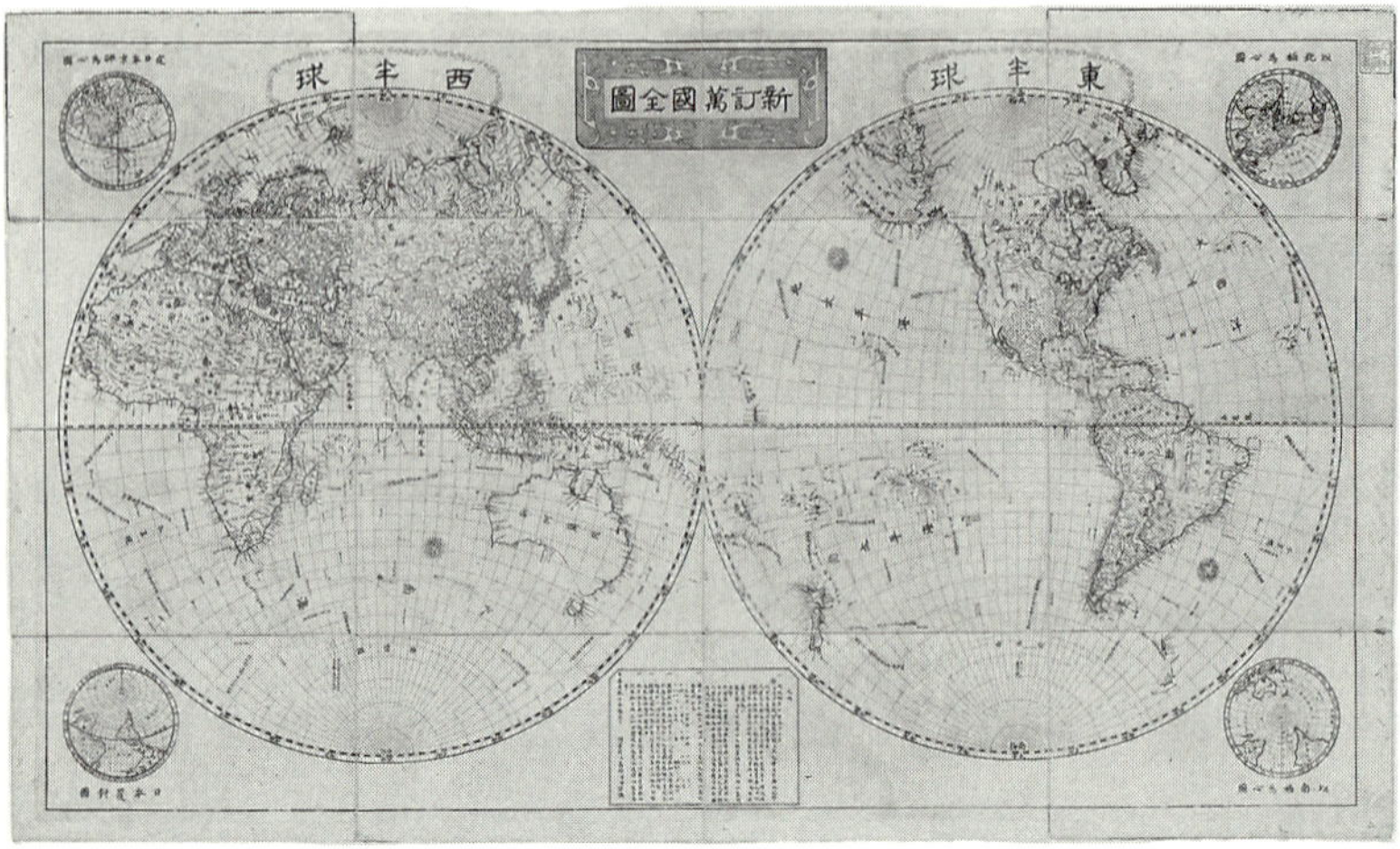

図26　高橋景保『新訂万国全図』　国立公文書館所蔵

る。一点鎖線は、喜望峰の西北（②）には「西洋人コーク安永九年航海帰路」、同じく西側の南（④）には「安永五年八月二十日」とある。

景保の引いたいずれの線も、始点はイングランド南部の「プリモウト（プリマスPlymouth)」で、点線の方には「西洋人コーク航海路安永元年六月十四日出帆」、一点鎖線の方には「西洋人コーク航海路安永五年五月廿九日出帆」とあり、始点と同じプリマスを終点とする点線には「安永四年七月十九日帰帆」、スコットランド北辺を終点とする一点鎖線には「安永九年帰帆」とある。つまり二種類の線は、「西洋人コーク」が行った安永元年にイギリスを出て三年後に帰港した航海と、安永五年に

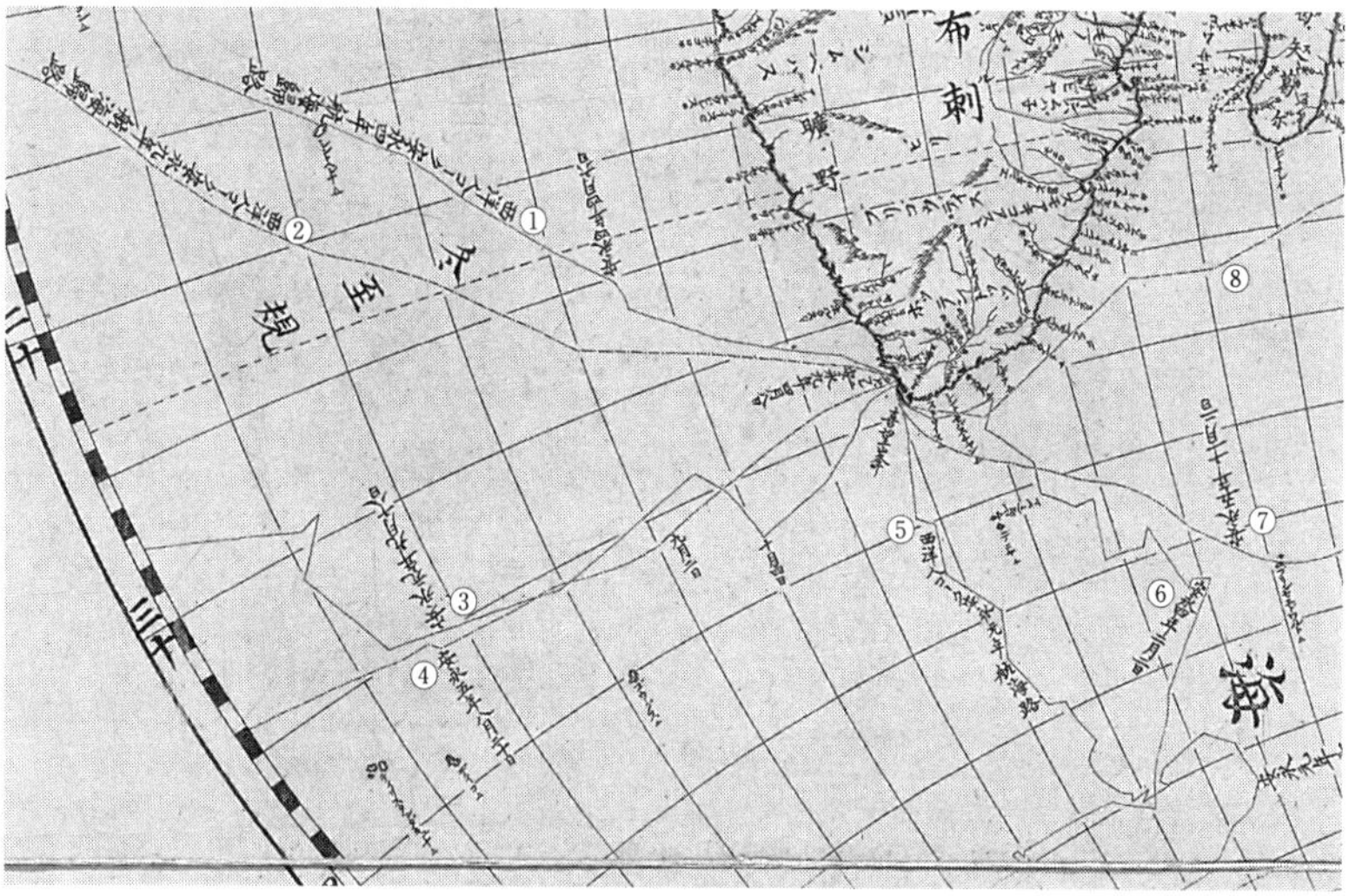

図27　『新訂万国全図』部分（喜望峰付近）　国立公文書館所蔵

喜望峰から８本の線が描かれている．

点　　線（------）①「西洋人コーク安永四年航海帰路」
③「安永元年九月十八日」
⑤「西洋人コーク安永元年航海路」
⑥「安永四年二月二日」

１点鎖線（—·—·—·-）②「西洋人コーク安永九年航海帰路」
④「安永五年八月二十日」
⑦「安永五年十一月二日」
⑧上図の範囲外に「西洋人コーク安永九年航海帰路」とあり

出帆して安永九年に戻ってきた航海の、異なる二つの航路を示しているのだ。

景保が原図に用いた世界地図の原題の日本語訳は次の通り。

現在までのすべての新しい発見を掲載したメルカトル図法による世界の海図：一七〇〇年以降の著名な航海士たちの航路を、最良の海図、地図、航海記などから慎重に収集し、一七六八、六九、七〇、七一年と七二、七三、七四、七五年、そして、七六、七七、七八、七九、八〇年にジェームズ・クック船長が行った航海において実施された正確な天文観測により補正。編集・発行は、地理学者A・アロウスミス

つまり、景保の図に言う「西洋人コーク」とは、太平洋を踏査した探検家キャプテン・クックとして名高いジェームズ・クック（James Cook　一七二八—七九）であり、点線は、一七七二年から一七七五年までの第二回の航海の跡、一点鎖線は、一七七六年に始まり、一七八〇年に終わる第三回航海の航路ということになる。

景保が幕府の命を受けて作製した『新訂万国全図』は、地理情報の正確さ、表現の精細さにおいて、江漢の『地球全図』をはるかに上回る水準の図と評されるが、海の情報についても、具体的で詳細である。つながる世界は、こうして幕府の公認する世界像となった。

更新される世界

日本の周辺に目を向けてみよう。『新訂万国全図』では、「西洋人コークク安永九年（一七八〇）航海帰路」と記された一点鎖線、すなわち、

ハワイでクックが死亡した後、北太平洋を回ってイギリスへと戻る第三回の航路が日本の太平洋側に見える。カムチャツカ半島から千島列島に沿って南下し、仙台、利根川河口辺りに接近した航路は、小笠原諸島の東側を回って、台湾とフィリピンの間を通りマカオへと向かっている（図28）。対する江漢の『地球全図』（図29）を見ると、日本周辺の航路は長崎とフィリピン（呂宋）とをつなぐ点線のみ。本来、長崎はオランダの拠点ジャワとつなぐべきところ、そうなってはいないし、しかもフィリピンに延びた線はそこで途切れている。江漢が原図とした『モルティエ世界図』には日本への航路は描かれていないので、この線は江漢が付け加えたものということになるが、『新訂万国全図』の日本の周辺海域は、ヨーロッパ船の世界周遊経路に組み込まれており、江漢の図よりもよほど不穏である。

ヨーロッパで二つの半球図を描く場合、ヨアン・ブラウの図（一〇頁図2）のように、大西洋を中央に置き、旧大陸＝東半球を右、新大陸＝西半球を左に置くのが一般的であった。江漢の図もこれを踏襲している。これに対して、景保は、中央に太平洋を置き、両半球の位置を逆転させた。これは『新訂万国全図』の画期性の一つと評価されてきた要素だ。しかし、この図を目にした、そんな地図の歴史を知らない当時の人びとに強い印象を残したのは、太平洋上に縦横に引かれた曲がりくねった線であろう。西南からやってくるとかつて考えられていた南蛮・紅毛の船は（第一章第二節「ロシアの「出現」」）、今や北からも東

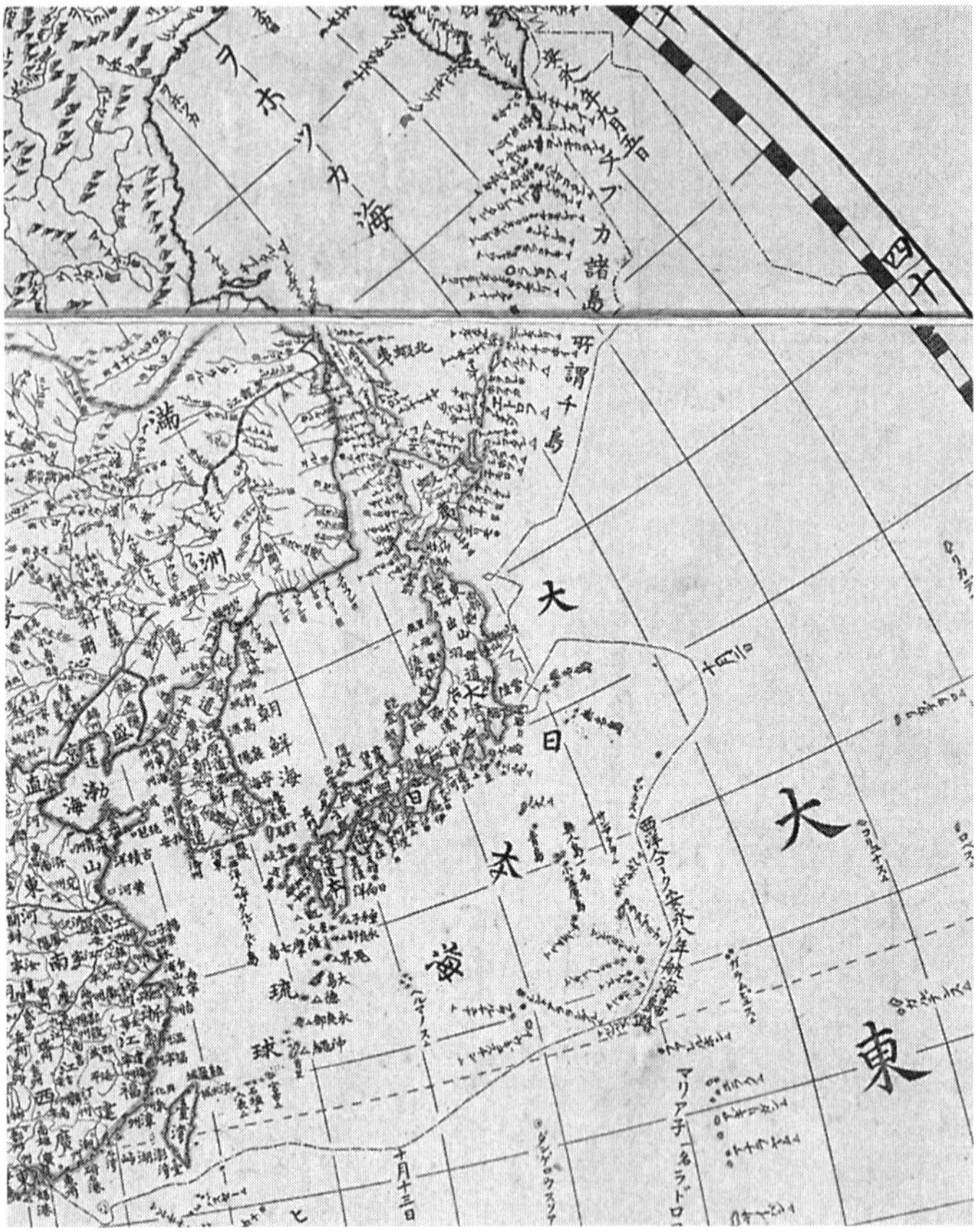

図28　『新訂万国全図』部分（日本付近）　国立公文書館所蔵

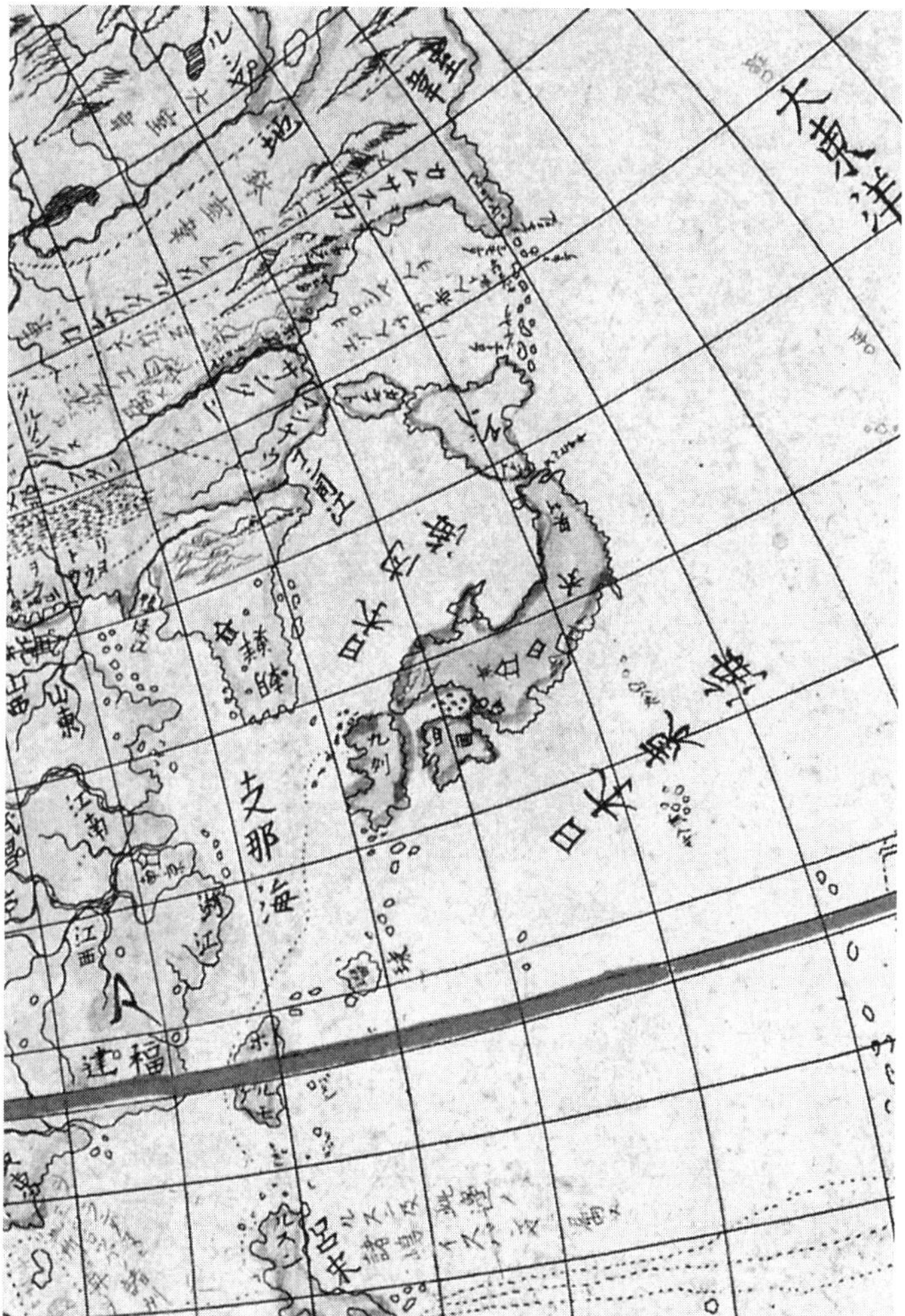

図29　『地球全図』部分（日本付近）　神戸市立博物館所蔵　Photo：Kobe City Museum／DNPartcom

からも南からも、どこからでもやってくるヨーロッパの船に様変わりしたのだから。

景保が世界地図の製作の幕命を受けたのは文化四年（一八〇七）だが、新しい世界地図の原図は、その三年前に長崎に来航したレザノフ一行の置き土産であった。北方問題に心を砕いた若年寄堀田正敦《まさあつ》に仕え、古今東西の地図を分析してカラフトの地理を考証した山田聯《れん》（一七八一—一八四六）は、景保が『新訂万国全図』の原図に用いたアロウスミスの図の描写を検討する中で、次のように述べている。

アロウスミスの図は、文化元年にロシアの使節レザノフらが来日した際にもたらしたもので、オランダ通詞本木某がひそかに入手して幕府に進呈した。これは昔から今までに例のない精密な図である（「北裔図説集覧備攷」）

本木某とは、本木正栄《まさひで》（一七六七—一八二二）のこと。大槻玄沢や林子平が語学と世界地理を学んだ本木良永の子で（第一章第三節「世界研究のはじまり」）、レザノフ来航の際に通訳を務めた人物である。

山田と同様アロウスミスの図の精密さと新しさを絶賛しつつ、景保は、ロシア人もまたこの図を珍重して、図中にレザノフ一行が航海した航路を補っていると記している（「北夷考証」）。実際、山田が紹介したアロウスミスのカラフト周辺図（図30）を見ると、クックの航路と区別して、カムチャツカ半島を折り返し、九州を南から長崎へと回りこむ太線

（実際は朱線）、すなわち、南アメリカからカムチャツカを経由して長崎に現れたロシア船の航路が書き込まれている。景保が用いたアロウスミスの図は、単に正確で詳細な地理情報を教えるにとどまらず、イギリス製の海図を利用してロシアが世界を周航してきた事実、

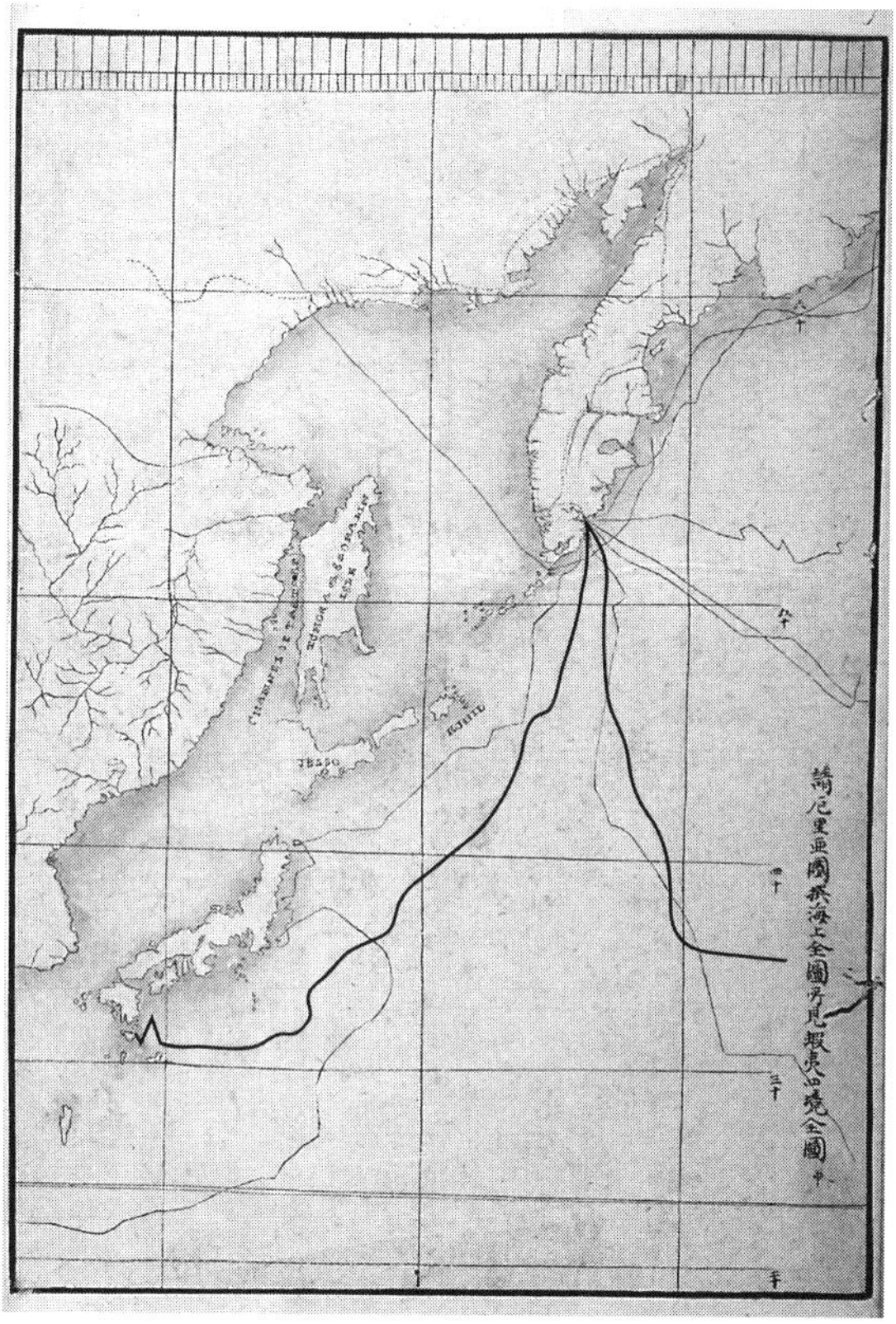

図30　ロシア船の長崎への航路（「北裔図説集覧備攷」より　国立国会図書館所蔵）　ロシア船の航路が太線（実際は朱線）で書き込まれている．

つながる世界がヨーロッパによって次々と更新されている事実を教える海図だったのだ。

残念ながら、凡例に「文化七年三月」と記された『新訂万国全図』が、最初にいつ印刷され、その後何度刷られたのか詳しいことはわからない。ただ、文化一〇年には大槻玄沢が「印刻中」と記しているので（「寒燈漫筆」）、成立の三年後には印刷されていたことが確実である。

筆者が調べた限りで、『新訂万国全図』は、現在二九ヶ所の機関に三三点が所蔵されている。由来がわかるものは、紀州藩や仙台藩、『新訂万国全図』の製作に協力した間重富《はざましげとみ》（一七五六―一八一六）の子孫の旧蔵など、大名家や幕府天文方関係である。また、伊能忠敬《いのうただたか》（一七四五―一八一八）が、天文方に仲介して、伊豆国（静岡県）韮山《にらやま》の代官で海防の充実に力を尽くした江川英龍《ひでたつ》（一八〇一―五五）の父英毅《ひでたけ》（一七七〇―一八三四）に同図を届けた可能性も指摘されている。

注目したいのは、『新訂万国全図』が、身分を越えて受容されていたことだ。儒者で詩人の菅茶山《かんちゃざん》（一七四八―一八二七）が生地山陽道の神辺宿《かんなべしゆく》（広島県）で武士や農民、町人などに教えるために開いた廉塾《れんじゆく》の旧蔵本が、広島県立歴史博物館に現存し、三重県松阪市の射和《いざわ》文庫には、天保一〇年（一八三九）に伊勢の豪商竹川竹斎《たけがわちくさい》（一八〇九―八二）とその弟が写したとの識語を持つ写本がある。射和文庫は私立図書館の草分けとされ、勝海舟

（一八二三―九九）との交友も知られる竹斎が地域の人びとのために創設したという。

レザノフがもたらしたイギリス製の最新の世界海図は幕府の書庫に収められ、世界の海がヨーロッパの手中にあることを広く共有する源泉となった。ヨーロッパがつなぐ世界は、もはや西洋かぶれの司馬江漢や本多利明の妄想や戯れ言ではなく、確かな根拠を持った幕府公認の世界像として普及していったのである。

日本の自画像の提示

高橋景保が世界地図作製の命を受けたのは、文化露寇事件で国内が騒然とした文化四年（一八〇七）の末。その年から『新訂万国全図』が完成する文化七年までの、天文方とオランダ通詞を中心とする幕府の動きをまとめたのが表6である。

これを見ると、オランダ通詞に、ロシア語や英語、ロシアが公用で用いるフランス語の習得を命じたり、ヨーロッパの軍艦や大砲にかかわる翻訳をさせたり、幕府が外国船のさらなる来航に備えようとしていた様子がうかがえる。北方ではロシアとの軍事紛争が起こり、長崎でも武装したイギリス船が港内に侵入し威圧するなど（「通航一覧巻二五七」）、武力を伴う事態が続けて起きたことからすれば当然の対応といえるが、こうした動きに併行して、幕府が世界地図を作らせたということは、この事業もまた外国船への対応の一環とみるのが理に適う。

表6　天文方・オランダ通詞を中心とする幕府の動き

文化4年(1807)	5月	ロシア船によるカラフト襲撃とエトロフ襲撃の報が幕府に届く
	7月	オランダ通詞名村多吉郎・馬場為八郎出府を命じられ蝦夷地御用に従事（名村は10月に帰郷）
	11月	オランダ通詞石橋助左衛門出府（翌年6月帰郷）
	12月	高橋景保，林述斎と相談して，蛮書を以て世界地図を仕立てるよう命じられる
文化5年(1808)	2月	オランダ通詞6名，フランス語学習を命じられる
	3月	松浦静山，所蔵する洋書を幕府に貸し出す（28点中13点を留め置き）
		オランダ通詞本木正栄，商館長の江戸参府に付き添い，そのまま江戸に残る（12月帰郷）
		オランダ通詞馬場佐十郎，高橋景保の地図御用手伝いのため出府
	4月	間宮林蔵・松田伝十郎，カラフト踏査
	8月	イギリス船フェートン号，オランダ商館員2人を拉致．長崎奉行に食料と水を要求
	8月	高橋景保「蕃賊排擯訳説」
	—	本木正栄「砲術備要」「軍艦図解考例」 石橋助左衛門「火筒放発術図字解」
文化6年(1809)	正月	高橋景保，林述斎と相談して，地誌御用の内異国に関することを，学問所の予算で取り調べるよう命じられる
	2月	オランダ通詞6名，英語の学習を命じられる
	3月	松浦静山，新たに所蔵洋書11点を幕府に貸し出す
	7月	馬場佐十郎「東北韃靼諸国図誌蝦夷雑記訳説」
	7月	高橋景保「日本輿地図藁」
	10月	オランダ通詞全員，ロシア語・英語の学習を命じられる
	10月	松浦静山，新たに所蔵洋書1点を幕府に貸し出す
	11月	馬場佐十郎「帝爵魯西亜国誌」
	—	高橋景保「北夷考証」
	—	高橋景保「日本辺界略図」「新鐫総界全図」
文化7年(1810)	3月	高橋景保「新訂万国全図」筆写版
	—	馬場佐十郎「硝子製法集説」

月が不明のものは各年次の最後にまとめた．資料は幕命によることが明確なもののみ掲げた．

表中の文化六年七月「東北韃靼諸国図誌蝦夷雑記訳説」は、長崎奉行が馬場佐十郎（一七八七―一八二二）に命じて、オランダの地理学者ニコラス・ウィッツェン（Nicolaas Witsen　一六四一―一七一七）の『北東タターリア誌』（"Noord en Oost Tartaryen"（一七八五年版））から蝦夷にかかわる部分を抄訳させたもの、「帝爵魯西亜国誌」は、工藤平助が参照した『ベシケレイヒング・ハン・ルユスランド』（二二頁）から、ロシアの交易にかかわる部分を翻訳したものである。後で詳しく述べる通り、この時期、幕府はカラフト地理の解明に力を注いでおり、ロシアの脅威への対応として、一刻も早い地図の完成が待たれていたことがうかがえる。

注目したいのは、同月に景保の「日本輿地図藁《にほんよちずこう》」（一八〇九年）（図31）が挙がっていることだ。同図は、伊能忠敬の測量がまだ九州に及んでいない段階で、忠敬の協力を得て作られたもので、九州は南北に長い奇妙な形をしている。同図は、林述斎《じゅつさい》（一七六八―一八四一）の下で進められていた地誌御用の一環で作られたとされるが、予定されていた九州の測量を待たずに、ある意味未完の図を幕府が景保にあえて作らせたのは、それが世界地図に不可欠のものであったからであろう。

景保が原図としたアロウスミスの海図を見ると、日本の図は現実の姿とは似ても似つかない。大西洋を中央に置くアロウスミスの図は、西端を東経一二六度付近、東端を一六五

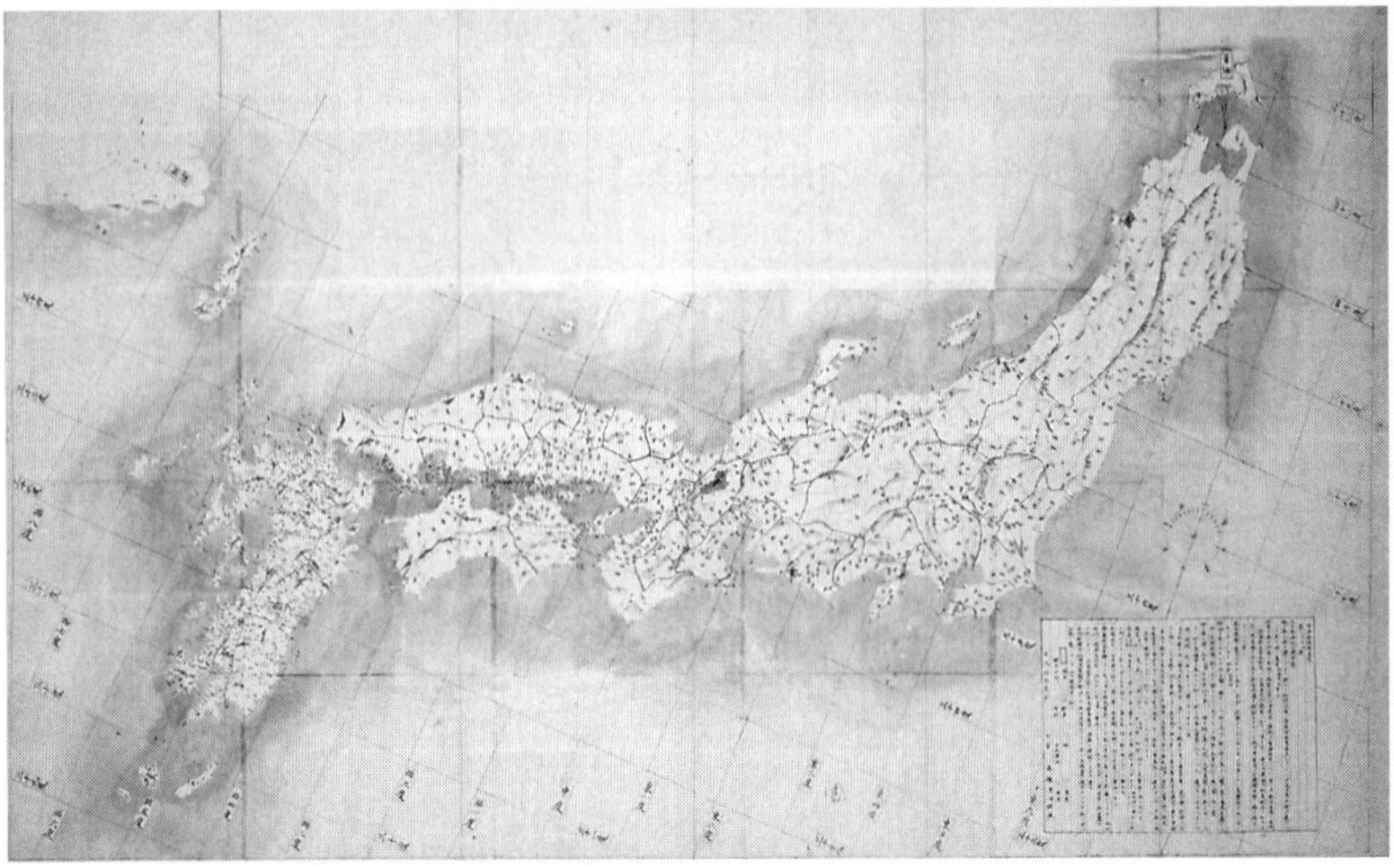

図31　「日本輿地図藁」　神戸市立博物館所蔵　Photo：Kobe City Museum／DNPartcom

度付近としているため、日本は東端と西端の二ヶ所に描かれているのだが、東端の日本はクックの航海の総括図を踏襲したものといい（図32）、西端は一七三〇年代にフランスで刊行された図に改変を加えたもの（図33）とされる。幕府は、景保の世界地図の中に、ヨーロッパが描いた日本の姿ではなく、独自の測量に基づいて日本が作図した地図を据えたかったのであろう。実際のところ、『新訂万国全図』の本州を「日本輿地図藁」と比較すると、経緯度はほぼ一致する。

「日本輿地図藁」に描かれていない蝦夷地に関しては、伊能忠敬による測量は太平洋岸のみで中止されていたが、天明期以降の数次にわたる調査により、村上島之允《しまのじょう》（一七六〇―一八〇八）の「蝦夷島地図」（一八〇九年）（一六〇頁図34）や近藤重蔵《じゅうぞう》の「蝦夷地図式（二）蝦夷及樺太ノ図1」（一八〇九年）（同図35）など、測量に基づいた蝦夷地の地図が複数作られていた。これにより、日本なりの蝦夷地を描き出すことは可能であった。一方の九州については、森幸安《こうあん》（一七〇一―?）の「日本分野図」（一七五四年）（一六一頁図36）や長久保赤水《ながくぼせきすい》（一七一七―一八〇二）の「新刻日本輿地路程全図」（一七七九年）（一六二頁図37）など、経緯線を引いた地図がすでに存在していた。幕府は、緊迫度のより低い九州に関して、伊能の調査を待つまでもないと判断したのであろう。

『新訂万国全図』は、ロシアとの緊張が極度に高まった中で、つながる世界を可視化し、かつ、その世界の中に日本の正しい姿を自ら描き出すべく幕府が作製した、江戸時代初の世界地図であった。

『新訂万国全図』の謎

研究者が『新訂万国全図』を論じる場合、念頭に置いているのはおおむね銅版印刷の刊行図だ。本書でここまで用いてきたのも、国立公文書館内閣文庫が所蔵する刊行図である。ただ、あまり言及されることはないが、内閣文庫には、刊行図の基となった手描きの「新訂万国全図」（以下、筆写図とする）が収蔵されている。両方とも、幕府の図書館紅葉山《もみじやま》文庫の旧蔵で、サイズも内容もほぼ同じ。ほぼ同じ、というのがミソで、仔細に見ると地理描写には若干の相違があり、両図の関係は、

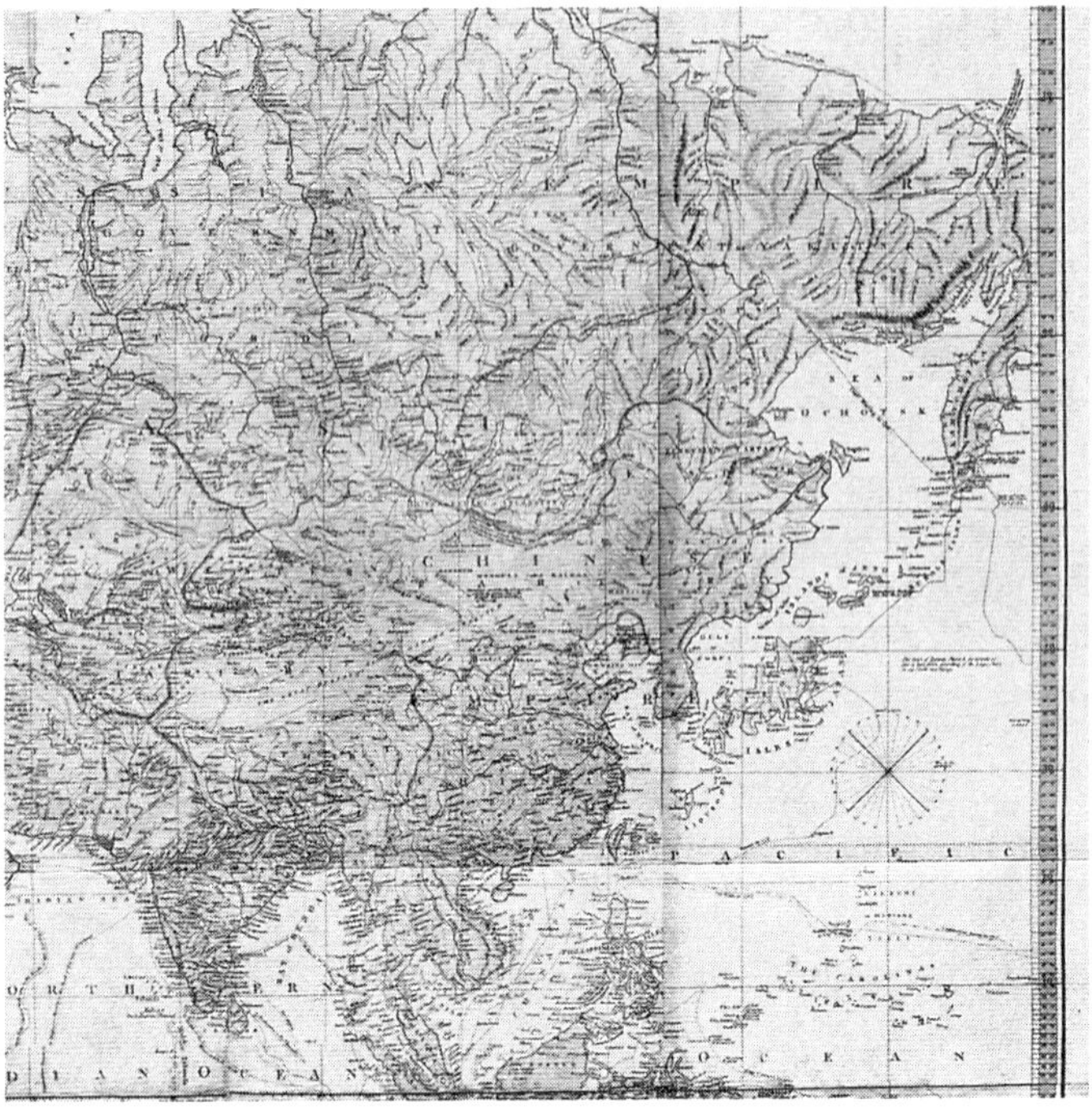

図32　アロウスミスの図（東端部分）　武田科学振興財団杏雨書屋所蔵　二宮陸雄『高橋景保と「新訂万国全図」』（北海道出版企画センター，2007年）別冊収録図(3)より転載

図の右端に，カムチャツカ半島と千島列島があり，その南に連なる日本列島の姿は，実際とは大きく異なる．

図33　同（西端部分）　武田科学振興財団杏雨書屋所蔵　二宮陸雄『高橋景保と「新訂万国全図」』（北海道出版企画センター，2007年）別冊収録図(3)より転載

図の左端の日本列島は，本州以南が，図32よりも実際に近い形で描かれている．

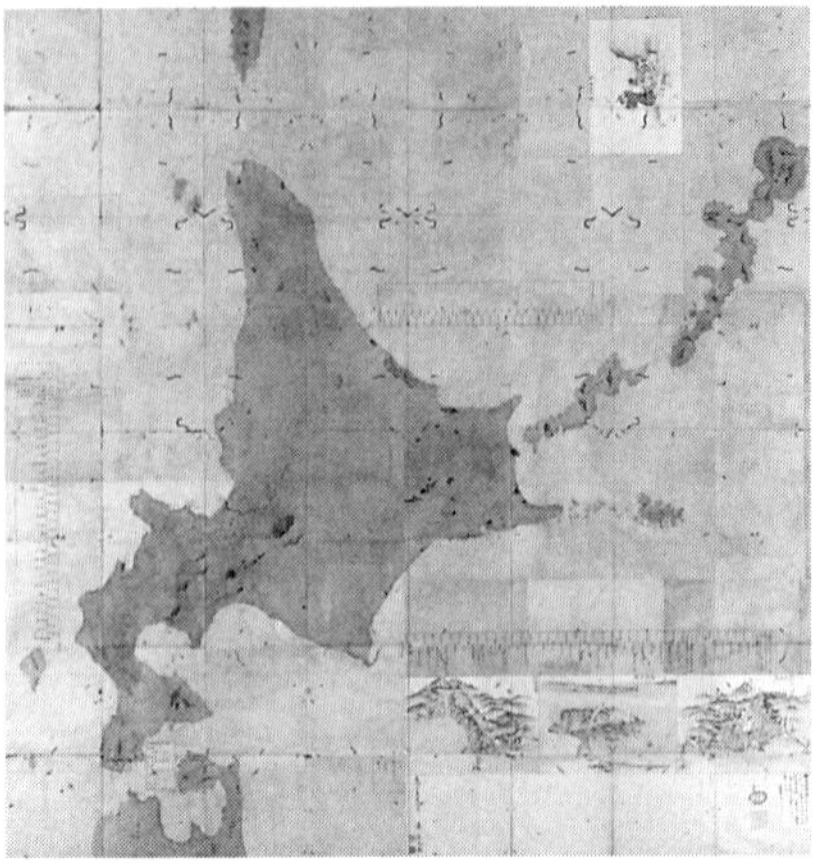

図34　村上島之允「蝦夷島地図」
京都大学総合博物館所蔵

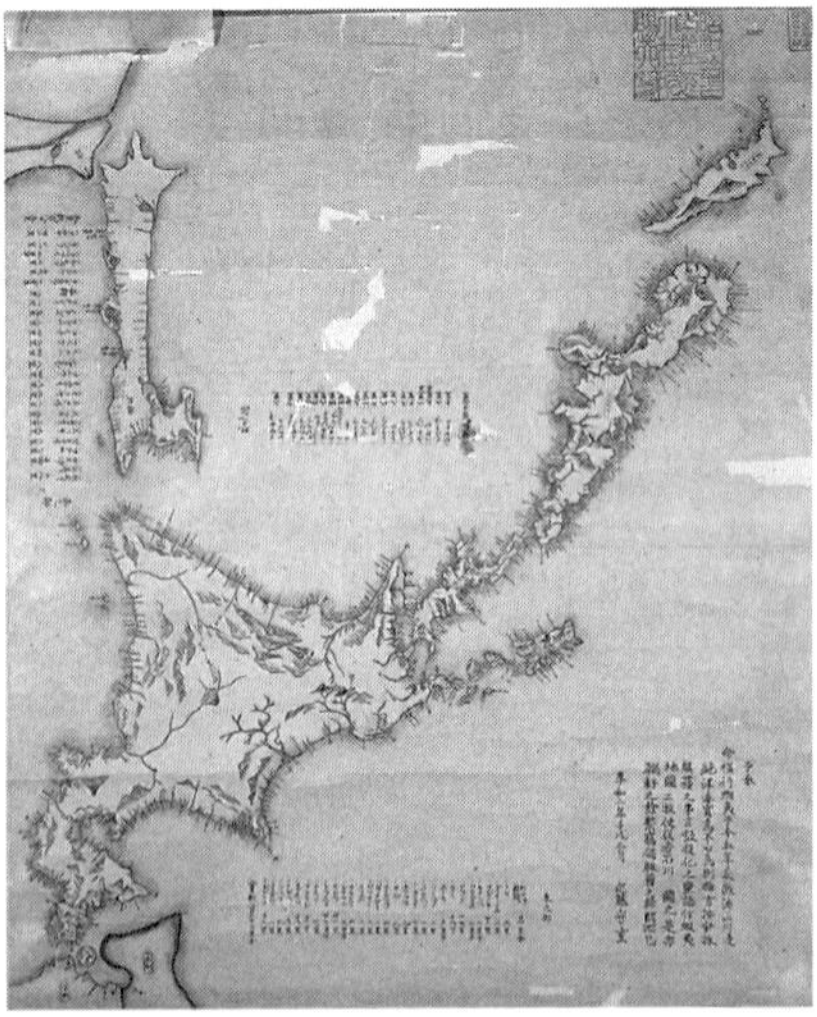

図35　近藤重蔵「蝦夷地図式(二)蝦夷及樺太ノ図 1」　北海道大学附属図書館所蔵

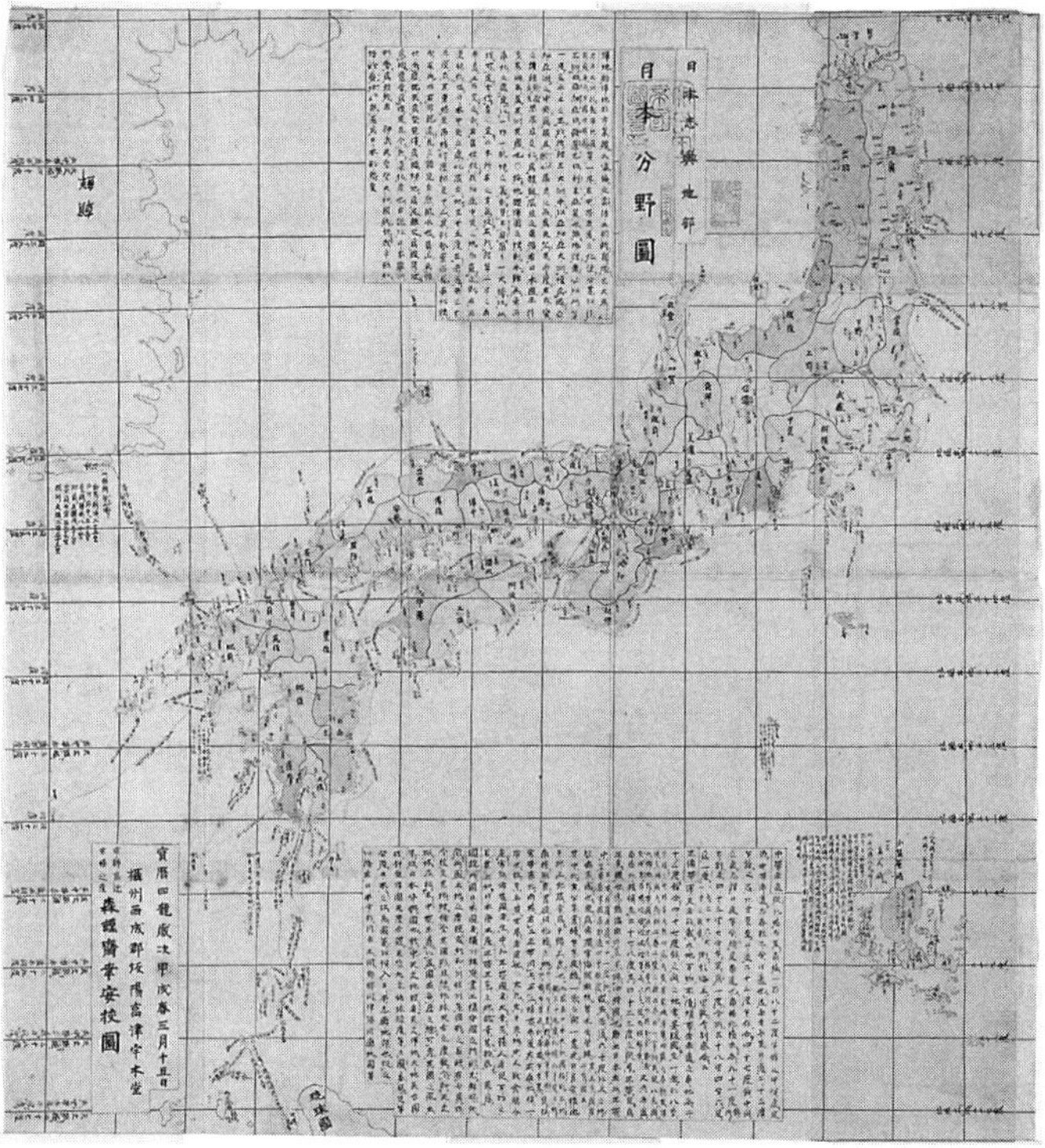

図36　森幸安「日本分野図」 国立公文書館所蔵

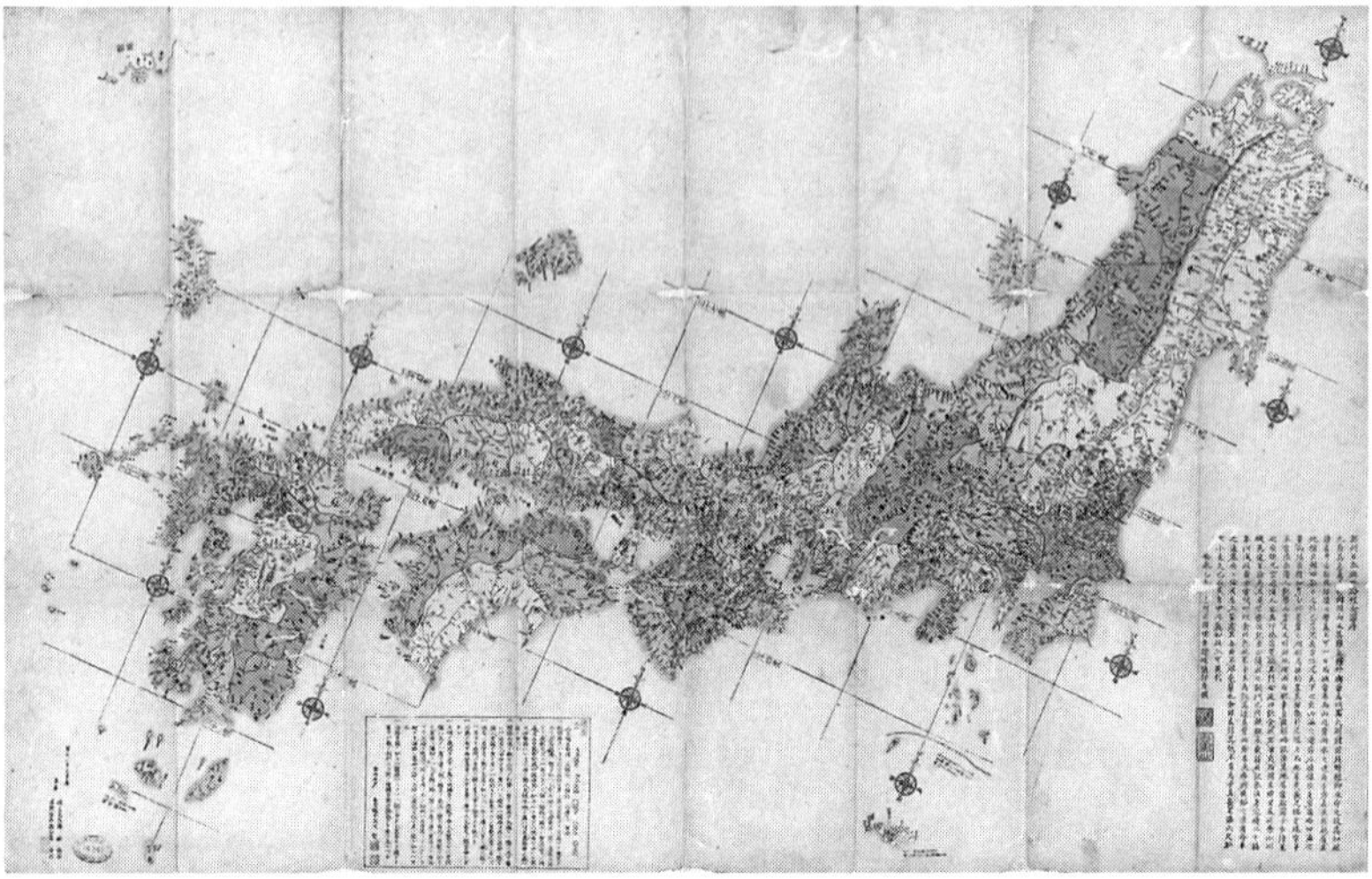

図37　長久保赤水「新刻日本輿地路程全図」 横浜市立大学所蔵

文化七年（一八一〇）にまず筆写図が作られ、これに修正を加えて完成したのが刊行図であると考えられている。

では、同図の謎とは何か。まずは刊行図（図38）を見てほしい。カラフトの北端は、北緯五〇度線をやや越え、五一度に満たない辺りにある。これに対して、筆写図（図39）では、五〇度線は島のほぼ中央に位置し、北端は五五度線近くまで延び、北部の描写は刊行図と全く異なる。なぜカラフトの姿はこれほど違うのか。

次に見てほしいのは、やはり高橋景保が作製した『日本辺界略図』（一六六頁図40）である。地形も位置も筆写図と同じ。また、北緯五〇度線付近より北部の東岸から北端の西岸にかけてが点線で表現されていることも筆写図（図39）と図40で共通している。文化六年の序を持つ『日本辺界略図』は筆写図の原図とされるが、そもそもこの原図は、景保と、景保の地図作製を補佐するために長崎から江戸に呼び寄せられた稽古通詞馬場佐十郎による研究の成果であった。

二人は、アロウスミスの海図をはじめ、和漢洋の文献や地図を考証して、北辺地理をめぐる論文を書き、地図を作った。景保の研究成果が「北夷考証」（一八〇九年）とそこに収載された「校訂図」（一六七頁図41）であり、佐十郎の成果が「東北韃靼諸国図誌野作雑記訳説」の巻六に「余考」と題して収められた論考と「新製北辺地図」（一六八頁図42）

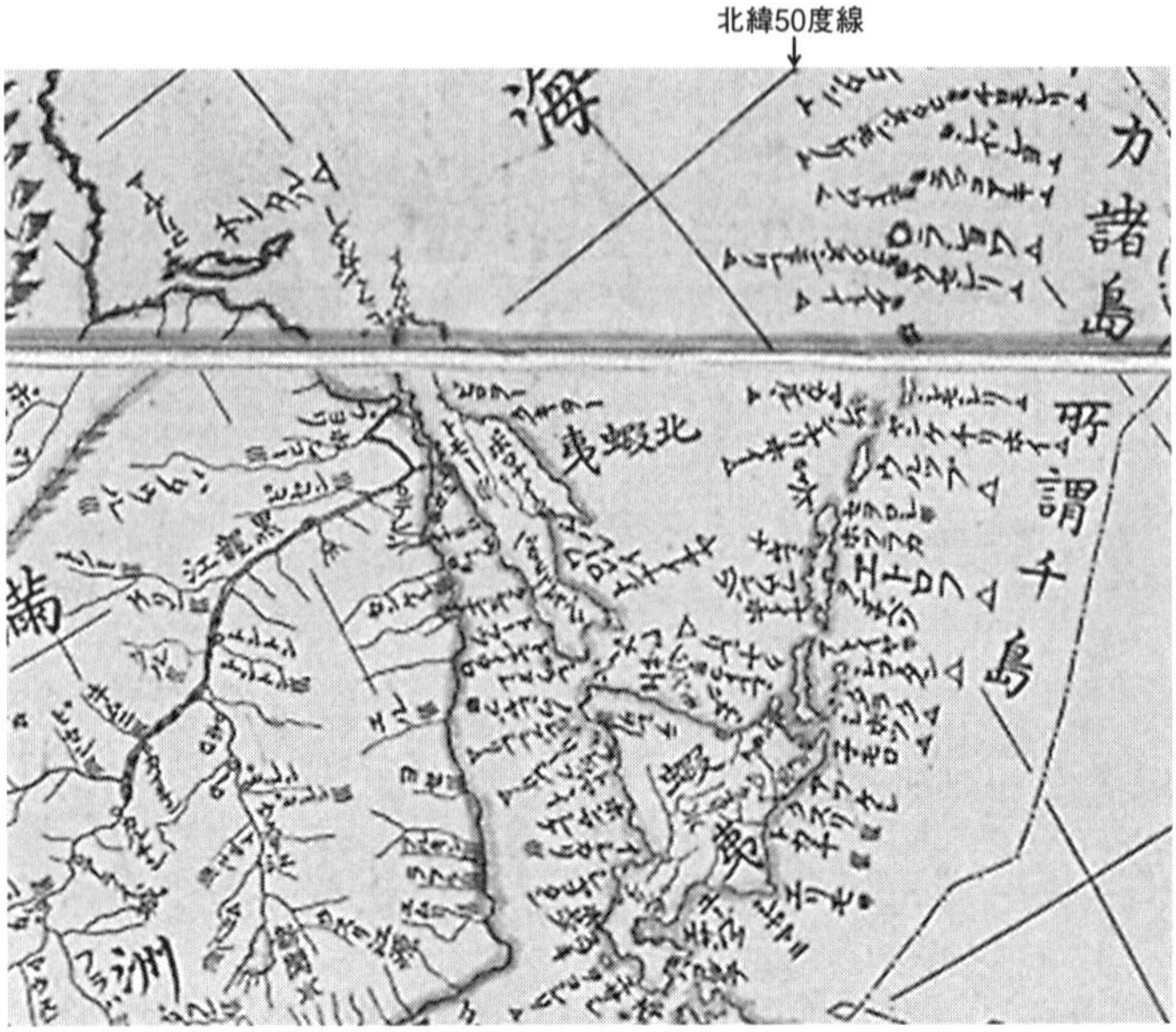

図38　『新訂万国全図』（刊行図）部分　国立公文書館所蔵

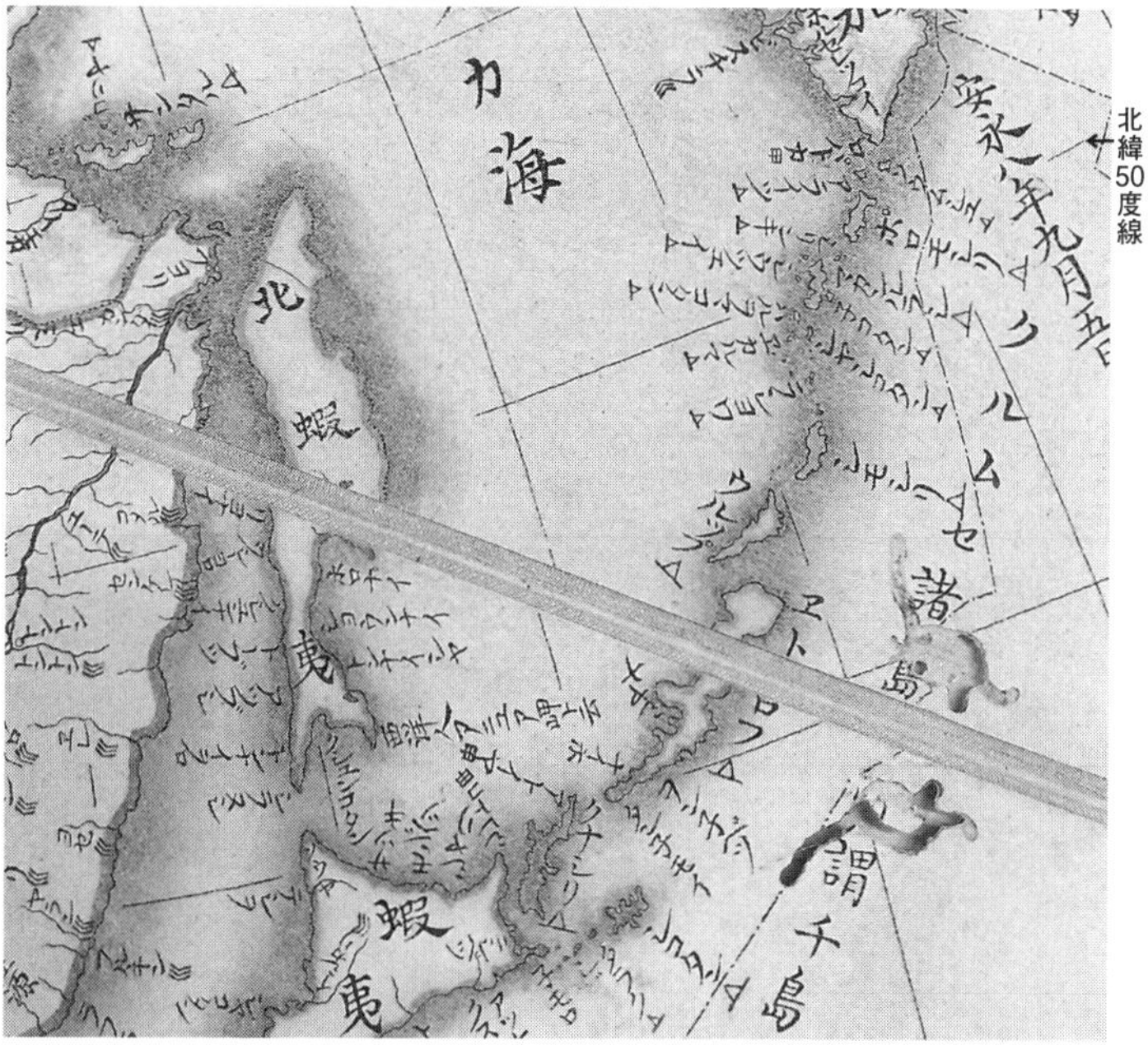

図39　『新訂万国全図』（筆写図）部分　国立公文書館所蔵
カラフト（「北蝦夷」）の北部が点線で描かれている．

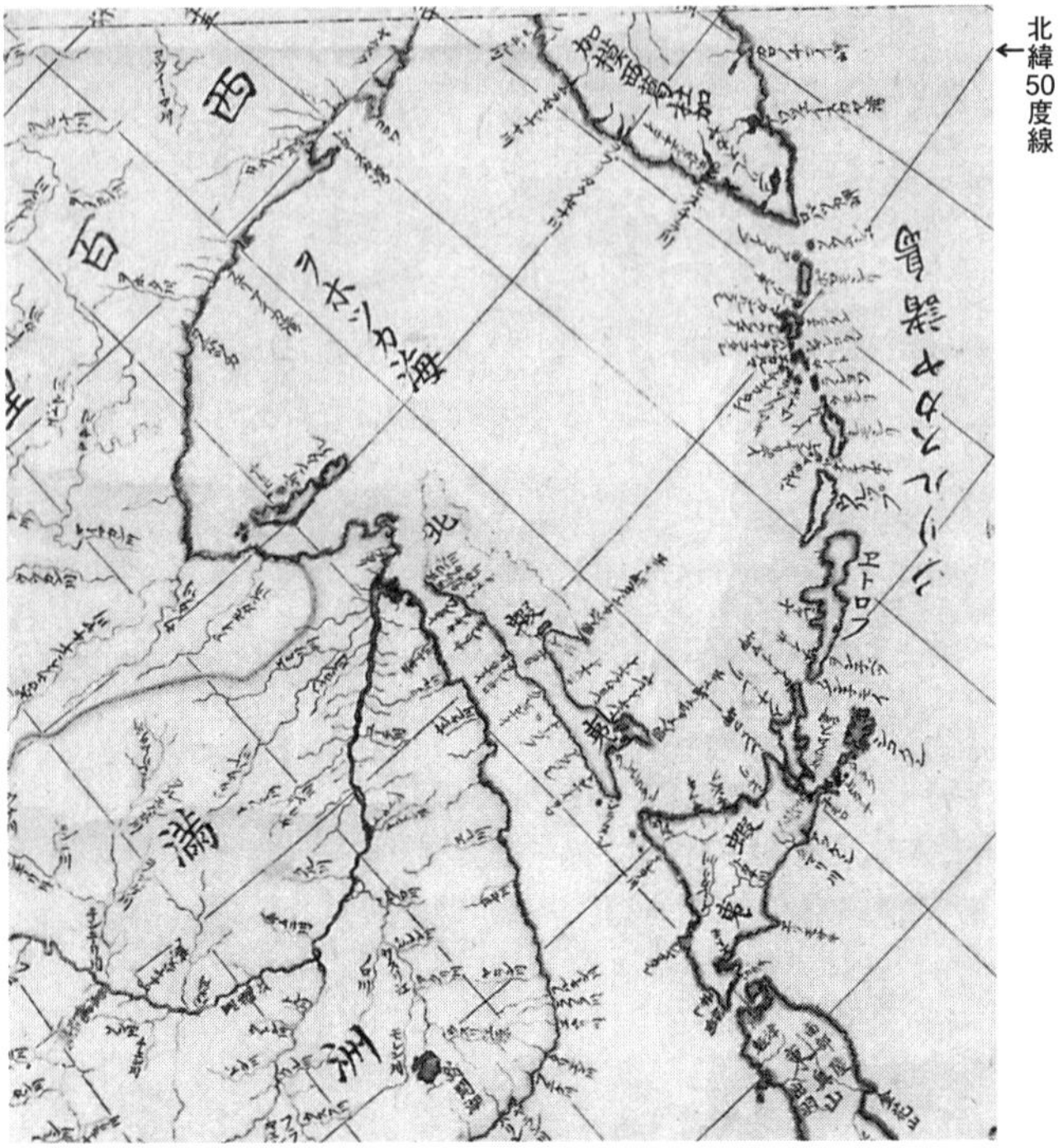

図40　高橋景保『日本辺界略図』（『新鐫総界全図』の付図　京都大学附属図書館所蔵）

である。景保の図（図41）も佐十郎の図（図42）も、『日本辺界略図』（図40）のカラフトとよく似た同じ形をしている。つまり、景保と佐十郎とがそれぞれに研究を進め、同じ結論に達し作製されたのが『日本辺界略図』であり筆写図であった。にもかかわらず、ではなぜ、刊行図のカラフトの姿は筆写図と異なるものに変わったのか。

間宮林蔵のカラフト測量

江戸時代の日本では、九二頁に掲げた図20のように、カラフトを島として描く地図が一般的であった。しかし、この考え方は、ヨーロッパの地理学が日本に入るにつれ揺らいだ。林子平の『蝦夷国全図』（一七八五年）（三五頁図12）は、その揺らぎを示す最初期の事例である。これを見ると、南北に細長

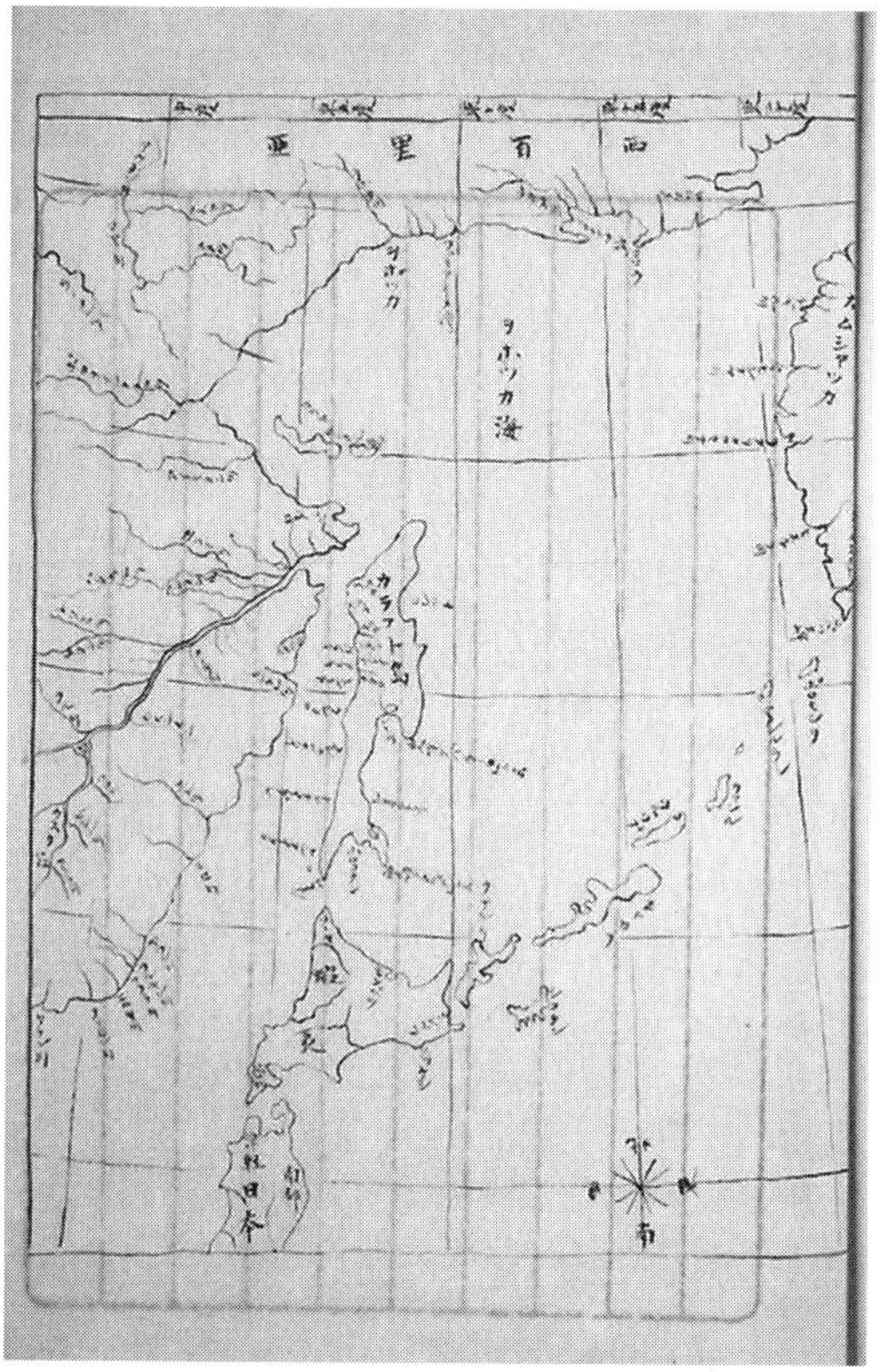

図41　「校訂図」（「北夷考証」より　早稲田大学図書館所蔵）

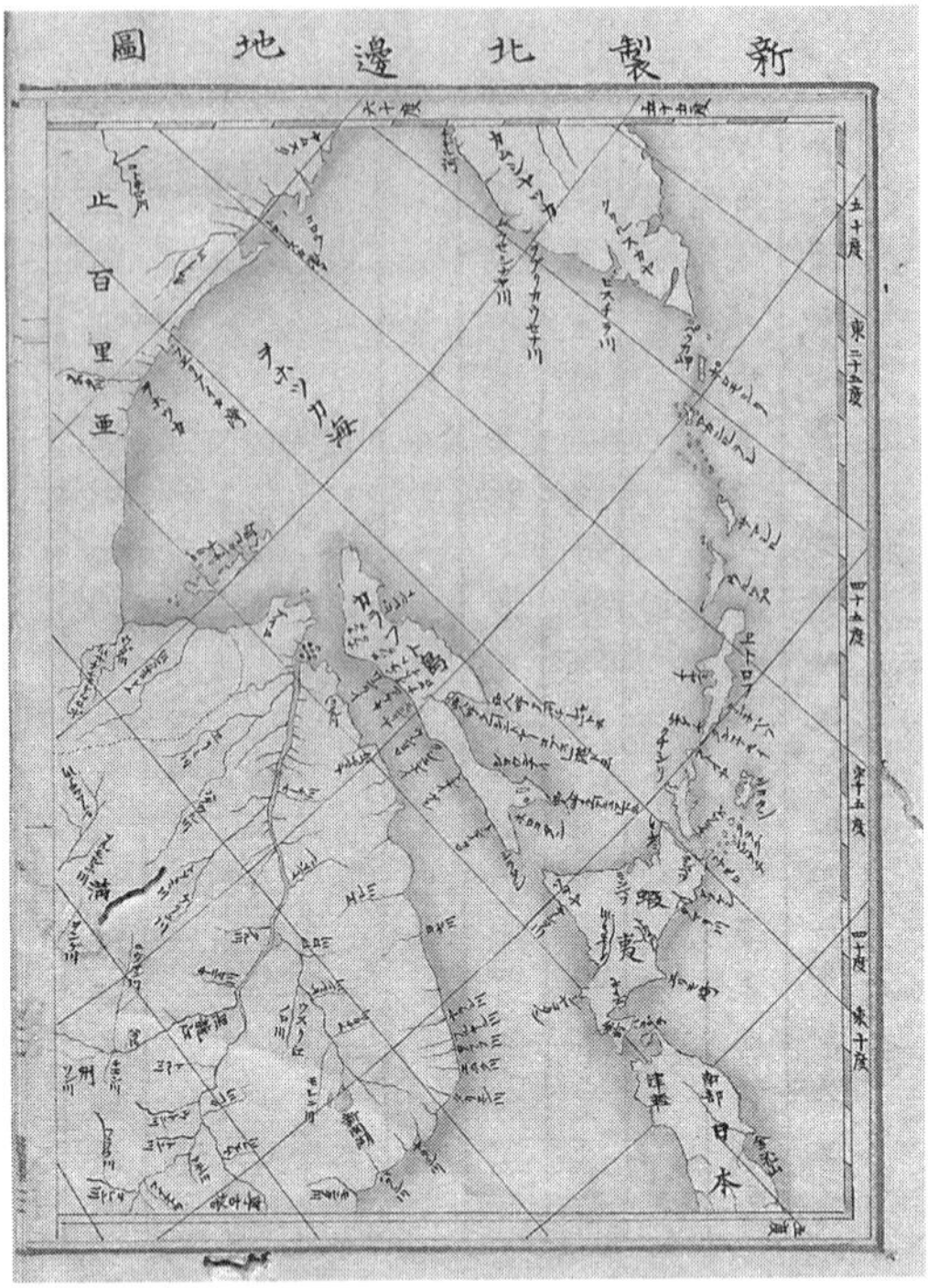

図42 「新製北辺地図」（「東北韃靼諸国図誌野作雑記訳説」より　国立公文書館所蔵）

い蝦夷地の真北に「サカリイン」島（以下、サハリン島とする）があり、蝦夷地の北西、こぶのように突き出た半島の突端に「カラフト嶋」とある。半島なのに島？ 子平は、なぜこのような奇妙な図を描いたのだろうか。

一八世紀はじめ、中国で実測に基づいた『皇輿全覧図』（一七一九年）が製作されて以降、ヨーロッパでは、アムール川河口にサハリン島を描く地図が主流になった。日本の北辺はヨーロッパにとっても長く未知の世界であったが、初めて実測の手が入ったことにより、サハリン島が描き込まれるようになったのだ。つまり、大河の河口にサハリン島を置く子平の地図は、オランダを経由して入った

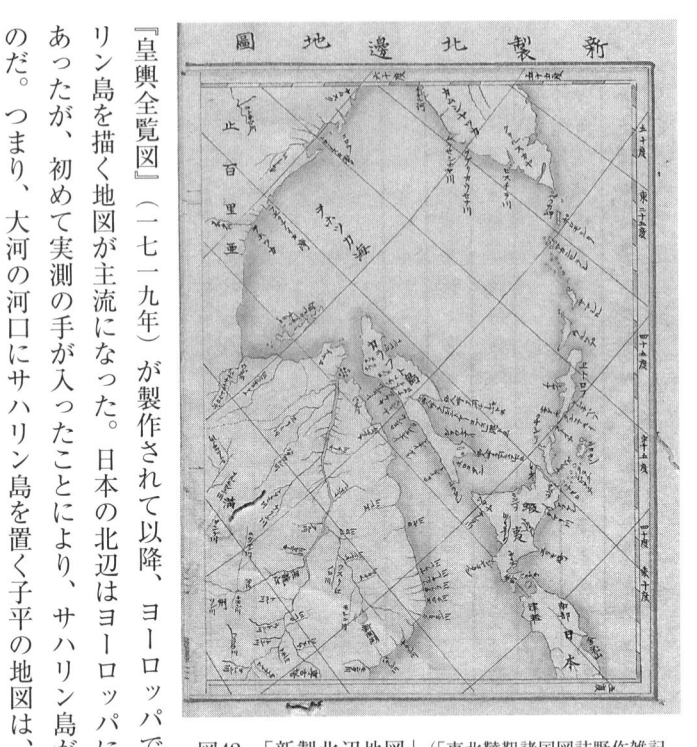

ヨーロッパの地図を、子平が参照していたことを意味する。ただ、サハリン島の測量は北緯五〇度辺までしか行われなかったために、ヨーロッパでは、五〇度以南の地を、独立した島とするもの、大陸に接合させるもの、蝦夷地に連続させるものなどさまざまな図が現れた。江戸時代の日本では、カラフトは島として描かれてきたのだが、子平は、この伝を「島と言い伝えられているが詳細を見た人はいない」（『三国通覧図説』）と切り捨て、カラフトを大陸と地続きに描いたのだ。ソウヤの対岸に見える陸地のその先が、未知の領域であったが故の混乱である。

カラフトの地理のわからなさは、それ以降も変わらない。たとえば、山田聯《れん》が「北裔《ほくえい》図説集覧備攷」の中で、一七七〇年代後半にペテルスブルクで出版された最新の地図として紹介した図（図43）では、マツマイ（松前）と蝦夷地が分離し、蝦夷地が五〇度線まで長く延び、その北にサハリン島がある。フランス人のラ・ペルーズ（Jean-François de Galaup, comte de La Pérouse　一七四一―八八）が、宗谷海峡を日本海から東へと通過しカムチャツカに達したのは一七八七年。同図はそれ以前に作られたから、当然ながらこの情報は反映されていない。日本では、蝦夷地が松前と地続きの島であることは自明のことであったが、子平の図から一五年を経てもなお、カラフトの北方を実際に見極めた者はいないまま、このような図であっても研究のための貴重な資料とされたのである。

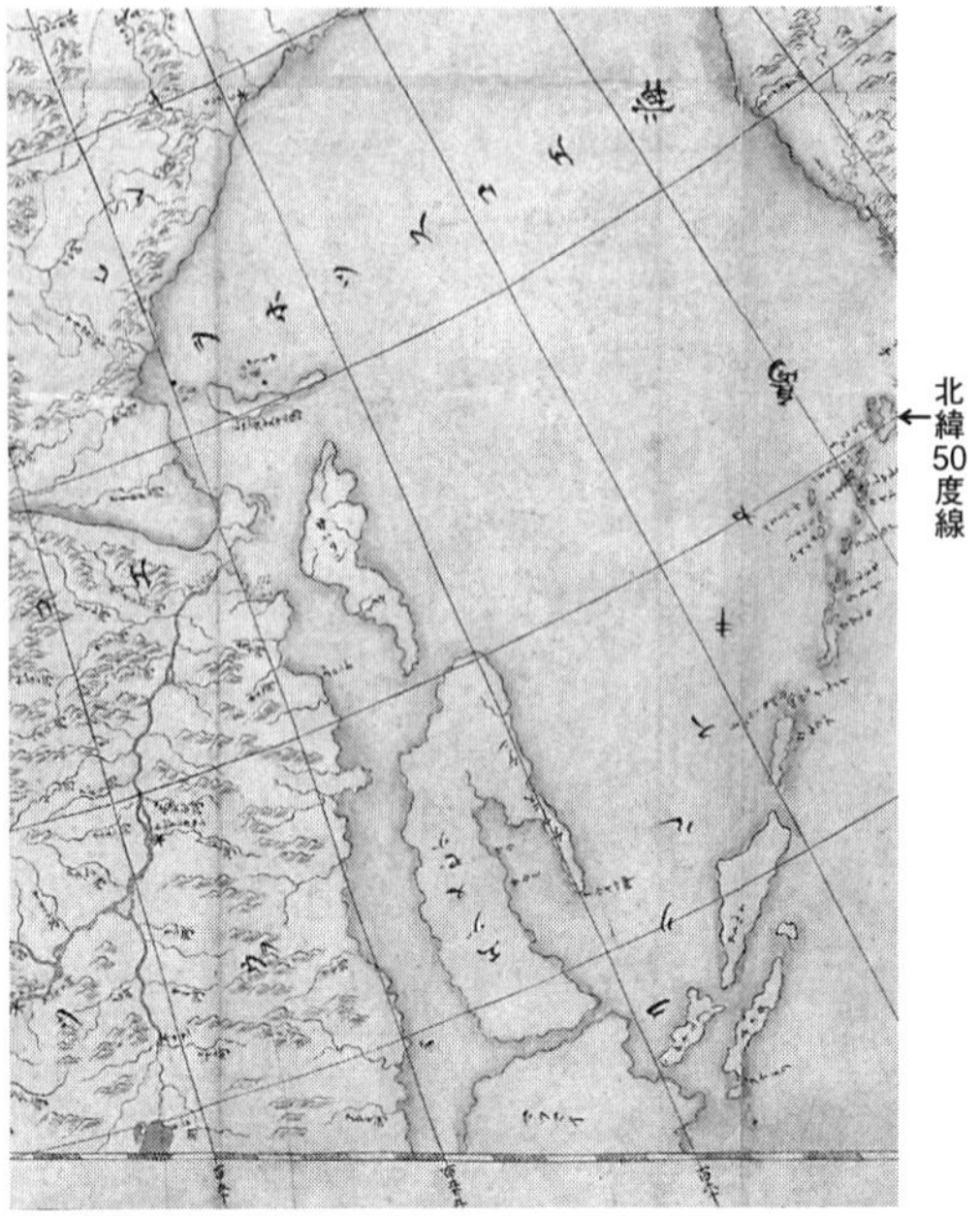

図43　山田聯「魯西亜国地図所見蝦夷島及満州全図」（「北裔図説集覧備攷」より　国立国会図書館所蔵）

世界地図作製の命を受けた高橋景保が、馬場佐十郎とともにカラフトの地理の考証に取り組んだのも、堀田正敦に仕えた山田聯が同様の研究を行ったのも、こうした事情による。そして、文化露寇事件の余波で延期されたカラフト踏査に、伊能忠敬の門人で、測量の心得のある間宮林蔵《まみやりんぞう》（一七八〇―一八四四）が、最上徳内に代わって派遣された理由もここにある。文化露寇事件により、千島のみならず、カラフトまでもがロシアの射程に入っていることを知った以上、カラフトの地理の解明は、先送りできない国家的課題になったのだ。

間宮が、蝦夷地で幕府直轄の実務にあたっていた松田伝十郎（一七六九―一八四三）とともに、カラフト南部のシラヌシに渡ったのは、文化五年（一八〇八）四月一三日。この時の踏査で、二人は、西岸は北緯五二度に近いラッカ岬まで、東岸は北緯四九度辺りのタライカまで達したが、これに満足しなかった間宮は、松前奉行に調査の続行を訴え、同年七月に単独で再びカラフトに渡る。翌文化六年五月、西岸のナニオー（北緯五三度）に到達すると、その後、アムール川へと向かい、同年八月二八日にソウヤに帰着した。この二回の調査を終えて間宮が作製したのが地域を分割して示した「北蝦夷島地図」（一八一〇年）と、全体像を示した「黒竜江中之洲並天度」（図44）（「北夷分界余話」所収、一八一一年）であり、刊行図のカラフトの姿はまさにこれである。

残念なことに、間宮の描いたカラフト図は、間宮自身の踏査の足取りを誤って表現していた。間宮はカラフト西岸を北緯五四度近くまで達したにもかかわらず、同図のカラフトの北端はほぼ五〇度で途切れている。また、同図では、シラヌシが北緯四六度線にあることは正しく示されているものの、南から見ていくと、実際の緯度が北緯四八度のマーヌイとクシュンナイを結ぶカラフト地峡付近が四七度に、同じく五〇度のポロコタンが四八度に、五二度のナツコ付近が四九度になっており、シラヌシ以北の緯度の目盛りを一度ではなく二度に読み替えると正しいことが明らかにされている。

間宮は「北蝦夷島地図」の凡例で、自らの実測結果に誤差がある可能性に触れ、その原因に、自身の能力不足とともに、上陸が難しく船上での測量を余儀なくされたことや霧が濃く地勢の目視が困難であったことをあげている。また、間宮は踏査の際、杖の先に方位磁石をつけた彎窠羅鍼《わんからしん》のみを持参したとされるので、十分な測量機器がなかったことも誤りの理由と考えられるだろう。

文化六年の初夏には、江戸の景保のもとに、まだ旅の途中の間宮から報告が届いたという。フランス製地図のサハリン島の地名と類似する地名が、カラフト北部に多数確認されるというその報告を得た時点で、景保は、ヨーロッパの地図に描かれるサハリン島とカラフトが同一の島であることを確信したとされる。また、筆写図では、カラフトの海岸線は実線と点線にかき分けられているが、実線は間宮らが踏査した海岸、点線は踏査に至らな

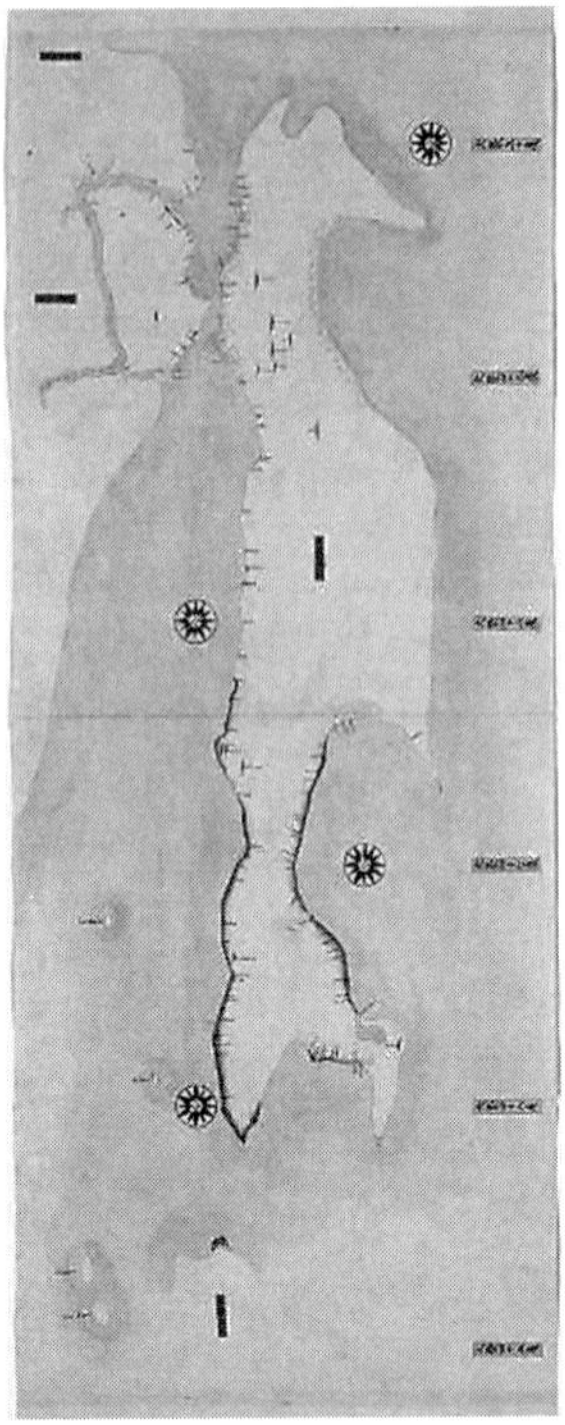

図44　間宮林蔵「黒竜江中之洲並天度」（「北夷分界余話」巻之一より　国立公文書館所蔵）

かった海岸に重なる。つまり、筆写図のカラフトは、古今東西の文献・地図の考証結果と間宮によって新たに得られた知見とを総合して完成したのである。

ところが、刊行図では景保らの考証の成果は放棄された。筆写図の完成は文化七年三月。「北蝦夷島地図」の完成はその四ヶ月後である。これらを吟味した幕閣らは、カラフト図を間宮の図に変えるよう指示したのであろう。カラフト西岸を南端からほぼ北端までの範囲で行われた間宮の踏査は、ヨーロッパもまだなし得ていない世界初の快挙であり、実見に基づく最新の情報を載せた間宮の図は、日本の姿を測量に基づいて表現しようとした幕府にとって、公式見解とするにふさわしい図であったにちがいない。

筆写図と刊行図を比較すると、刊行図のもう一つの特質が見えてくる。それは、幕府が、世界地図の中に日本の領域を初めて明確に描き出したことである。

国家領域の主張

筆写図では、日本の範囲は緑色で縁取りされ、北は、ウルップまでとカラフト全島、南は西表島までが緑の線で囲まれている。一方、日本の領域を薄紅色で表現する刊行図は、北は、エトロフまで、カラフトは、西岸がリヨナイ、東岸がタライカ湾のシーまで、南は、沖永良部島までが薄紅色で縁取られ、沖縄、宮古、石垣、西表の島々に縁取りはない。なぜ幕府は、日本の領域を刊行図のように修正させたのだろうか。

江戸時代の琉球は、国際的には清朝に朝貢する独立国である一方で、慶長一四年（一六〇九）の侵攻以来、薩摩藩の実質的支配下に置かれていた。刊行図で、琉球と同じ清朝の朝貢国であった朝鮮やシャムを見ると、沖縄四島のような無色ではなく、中国とは異なる色で縁取られている。つまり、沖縄の島々を日本の色にも中国の色にも染めず、無色で表現させたということは、これらの島々が日本と中国のどちらに属するのかをあいまいにして、しかしだからといって独立国とは認めないという、幕府の姿勢を示したものといえる。こうした態度は、天保から弘化にかけて（一八三〇―四八）、琉球にひんぱんに現れるようになった欧米の船に対して、幕府も薩摩藩も、日本の影響力を見せないよう表だった動きを避け、琉球・清・日本の三国間の関係の絶妙なバランスの維持に努めたことにも合致する。

では北方はどうか。まずエトロフについて。寛政一一年（一七九九）の蝦夷地の幕府直轄を契機に、ロシアに対峙する最前線として、幕府の役人が常駐する会所がエトロフに置かれたことはすでに述べた（第二章第二節「幕府、蝦夷地を囲い込む」）。ウルップまでを日本の範囲とする筆写図は、この実態に齟齬する。つまり、エトロフまでを日本の領域とする刊行図は、幕府の蝦夷地政策をそのまま図示するものであった。

これに対して、カラフトの色づけの根拠は、政策ではなく、間宮林蔵の調査報告である。

カラフトの地理と外国との境界を見極めることを目的として踏査に派遣された間宮は、西岸のキトウシ（間宮の測量では北緯四八・二度辺）より以北には、清朝に朝貢するスメレンクル（ニヴフ）と呼ばれる先住民がおり、東岸のシー・タライカ（同四七・五度辺）より以北にはヲロッコ（ウィルタ）と呼ばれる人びとが住むこと、彼らはそれ以南に住む、蝦夷地のアイヌとよく似た人びと、いわゆるカラフトアイヌとは言語・風俗を異にすることを報告し、カラフトアイヌの居住域の北端、西岸のリヨナイ（同四七・八度辺）、東岸のタライカを外国との境界として提示した（「北夷分界余話」）。間宮の報告では、松前藩の拠点は南端のシラヌシとクシュンコタン（同四六度付近）にとどまること、しかも、西岸のリヨナイ以南に、スメレンクルのように清朝に朝貢するカラフトアイヌがいることも明らかにされたが、幕府は間宮の示した境界を刊行図にそのまま挿入させたのだ。琉球やエトロフに比して、カラフトに対する幕府の積極姿勢は際立っている。

　幕府にこのような姿勢を選ばせた契機は、カラフトがロシアの標的とされた文化露寇事件に求める以外にはない。エトロフの敗走と幕府船が略奪された失態は、日本始まって以来の恥とされ、幕府に批判の目が向けられたことはすでに述べた（第二章第三節「「鎖国」外交の成立」）。景保に地図作製を命じたのと同月、幕府はロシア船の打ち払い令を出し、沿岸諸大名に厳しい対応を求めている。幕府は、ロシアからの攻撃にひるむことなくカラフトを堅持する姿勢を、刊行図を通して、これを見るであろう大名や幕臣に伝えようとしたのであろう。『新訂万国全図』は、正確な地理表現を追究した点で、近代的な地理学の萌芽として高く評価されてきたが、ロシアの脅威が生み出した、すぐれて政治的な作品であった。

「科学」と「技術」の獲得に向けて

天文・地理は西洋に学ぶべし

高橋景保は、天文学と地理学におけるヨーロッパの優越性について、「北夷考証」の草稿「北夷考」（一八〇九年）の冒頭で次のように述べている。この時期の蘭学者がヨーロッパをどう見ているのかを端的に教えてくれるので、少し長いが全文を紹介しよう。

天文学と地理学は西洋のものを採用すべき道理　特に地理について

およそ「漢土《かんど》」（もろこし、とも。中国のこと）は空理を立て、西洋は実理を立てる。空理とは何か。いわゆる理屈であって、座して天地の成り立ちや万物について考えをめぐらせることを言う。では実理とは何か。いわゆる自然現象を実際に調べ確かめた後、その法則を論じて、現実に合致するものを探すことを言う。「漢土」と西洋の学問はこれほど違う。

西洋のはじまりは「漢土」に先立つこと数千年。西洋の天文学と地理学は、長い歴史を持ち、緻密である。一方「漢土」では、古くは天が円で大地は方形と考えていた。近年これを「漢土」の優れた見方と評価する意見もあるが、これは詭弁《きべん》だ。大地が方形であったとして、では、昼夜があることをどう説明できるのか。おそらく『古今図書集成』（一七二五年完、清代の百科事典）に詳しいはずだが、空理に基づいた推察に過ぎない。なんといい加減なことか。

西洋が大地の丸いことを知ったのは、一五一五年頃にポルトガルの船乗りマゼラン（Fernão de Magalhães　一四八〇―一五二一）が諸国を航海して初めて地球を一周した時である。これが世界地図を作った最初であった。そして、「漢土」が世界のあらましを知ったのは、万暦の頃にマテオ・リッチがもたらした図が最初である。また、天文学や暦もティコ・ブラーエの方法が明の人に伝わり、その後、崇禎年間（一六二八―一六四四）にアダム・シャール（Adam Schall von Bell　湯若望《とうじゃくぼう》　一五九一―一六六六）とジャコブス・ロー（Jacobus Rho　羅雅谷《らがこく》　一五九三―一六三八）が、西洋の天文書（『崇《すう》禎暦書《ていれきしょ》』（一六三一―三四年））を編纂した。これが精密な暦の始まりであり、大統暦《だいとうれき》（明代の暦。至元一八年（一二八一）から元朝で使われた授時暦《じゅじれき》に基づく）よりはるかに優れていた。清の康熙帝《こうきてい》はこれらをもとに『暦象考成《れきしょうこうせい》』（一六三四年）を作らせた。このように、「漢土」においては、天文・地理はことごとく西洋に学んできた。まして我が国は言うまでもない。

およそ天文学は、座して憶測による空論で究められるものではない。暦は、数年にわたり太陽と月、水星、金星、火星、木星、土星の七つの天体の動きや、日食・月食、木星と衛星の凌犯《りょうはん》（木星の衛星が木星の影に隠れたり、逆に木星と地球の間を通ったりして見えなくなる現象）、恒星と地上の経緯度を測量して作るが、西洋人は、各地を航海して、行った先の経緯度を実測し、方位や位置を見極めて図にする。実測ができていない所は実測するごとにその情報を補うので、地理は年を経るごとにますます詳しくなっていく。したがって、古い地図を採用してはならない。新しい地図が正しい地図なのだ。

我が国と「漢土」の人は、世界を航海しないので実測することもなく、測量の方法も古くから精密ではない。最近詳しくなったのは、もともと西洋人が伝えたのであって、清の康熙帝の時もまだ測量術はさほどではなかった。このように、康熙帝は在留西洋人に命じて国内と周辺を測量させて地図を作らせたのだ。このように、天文・地理を「漢土」に学ぶのは誤りだし、馬鹿馬鹿しいことで、西洋に学んでこそ、直接その本質を知り得るのだ。

ヨーロッパが天文学と地理学において中国・日本に卓越し得た理由を、歴史の長さに求める景保の解説は、本多利明の説そのままである。しかし、マゼランによる世界一周の画期性、明代（一三六八—一六四四）にアダム・シャールらがティコ・ブラーエの方法や理論を紹介する『崇禎暦書』を編んだこと、これを改訂した『暦象考成』を康熙帝が作らせたこと、その康熙帝が中国と周辺地域の測量図を作らせたことは書かれてある通りで、景保の学識の深さは利明とは比にならない。加えて、天文学を用いてどのように地図を作るのかについての具体的な記述や、世界地図が刻々と更新され、世界地理の理解が日進月歩で深化していることへの洞察は、利明には見られなかったものである。寛政改暦を実現し、当時の日本の天文学を牽引した高橋至時《よしとき》を父に持ち、レザノフ将来の世界地図を見られる立場にあった景保ならではの見識であったといえるだろう。

改暦事業とヨーロッパ天文学

ところで、ヨーロッパ天文学の優位性の発見は、高橋景保や本多利明らの独創ではない。古来、暦を作ることは、支配者の権威の象徴であり、統治者の役割と考えられてきた。江戸時代における蘭学興隆のきっかけは、第八代将軍徳川吉宗が禁書の輸入を緩和したことに求められるが、それは吉宗が「天文暦術は人民に時を授ける要務としてそのことに心を用いられた」（『有徳院御実紀附録」巻一五）からだとされる。儒教の主要文献であるいわゆる四書五経の内の一つ「書経」の中に、「日月星辰を暦象（観察）し、敬《つつ》しんで民に時を授く」とあるように、暦を作るための天文学はすなわち帝王の学問であった。

江戸時代に初めて暦が改められたのは、貞享二年（一六八五）。清和天皇（八五〇—八八一）の時に中国の宣明暦《せんみょうれき》が採用されて以来この年まで、公式に暦の改訂が行われることはなかった。一年の長さを三六五・二四四六日とする宣明暦が八〇〇年以上も用いられた結果、暦の冬至の日より二日も前に実際の冬至が来たり、日食等の予報も当たらなくなったりして、新しい暦が求められ作られたのが貞享暦であった。ただ天文観測のための施設や機器を発案して自ら観測するほどの天文マニアであった吉宗は、貞享暦が完璧でないことを憂い、ヨーロッパ天文学の導入による改暦を企図して、享保五年（一七二〇）、禁書の範囲を狭めたのである。

禁書とは、キリスト教にかかわるとして輸入を禁じられた書物のこと。禁教にともない寛永七年（一六三〇）に導入された制度で、「マテオ・リッチ等が作った三二種の書物とキリスト教布教の書が禁書」とされた（「好書故事」巻七四）。中国では明末頃からキリスト教の布教が始まり、その一環として宣教師や中国人信者の手で教義書や科学技術書が漢文で出版された。マテオ・リッチ等の三二種とあるのがそれで、具体的には、キリストの教義にかかわる「理篇」と天文学等科学・技術の書物を集めた「器篇」とから成る『天学初函』と題する叢書（一六二八年）がすべて禁書となった。吉宗は、これを改め、従来の禁書のうちから科学・技術や地誌などの輸入を解禁したのだ。

こうして生まれたのが、寛政一〇年（一七九八）の寛政暦であり、弘化元年（一八四四）の天保暦である。天保暦は、ラランデ暦書と呼ばれたフランスの天文学者ラランド（Joseph-Jérôme Lefrançais de Lalande　一七三二―一八〇七）の著書“Astronomie”（第二版、一七七一年）の蘭訳本“Astronomia of Sterrekunde”（一七八〇年）に学んで作られた。中国から入った『崇禎暦書』や『暦象考成』、『暦象考成後編』に基づいて寛政暦を編んだ高橋至時は、その内容に満足せず、ラランデ暦書の研究を進め、その成果を基に、至時の子渋川景佑《しぶかわかげすけ》（一七八七―一八五六）が完成させたのが天保暦であった。

至時のラランデ暦書研究は、享和三年（一八〇三）二月、若年寄堀田正敦が調査を命じた時に始まる。至時は言う。

ラランデ暦書は一七八〇年代の刊行。一七七〇年頃までのヨーロッパ天文学における有力な説を紹介したもので、一大奇書であり、その詳細さは他に比べるものがない。本書から見れば、暦象考成後編が扱うのは太陽と月の運行のみでなお不足がある。本書は他の惑星に関して新しい観測に基づいて理論を構築している。その測量結果の精密さは論じるまでもない　　　　　　　　　　　　　　　（「地球楕円形赤道日食法」）

『暦象考成後編』は、『暦象考成』の不備を補うため、ドイツ人宣教師イグナチウス・ケーグラーが編んだもので、太陽の周りを公転する惑星の運動に法則性があることを発見したケプラー（Johannes Kepler　一五七一―一六三〇）の理論を、東アジアに初めて紹介した画期的書物とされる。ただ、『暦象考成後編』の宇宙に対する基本的な考え方は、地球の周りを太陽が回り、太陽の周りを惑星が回るというティコ・ブラーエの体系を基本とし、太陽と月の運動についてのみ論じていた。至時は、同書に欠けていた五惑星の楕円軌道の議論がラランデ暦書にあることに感激したのだ。実際のところ、ラランデ暦書は、一七六四年の初版以来版を重ね、当時の天文学全般を網羅する教科書として、ヨーロッパでも広く読まれた書物だった。残念なことに、至時に示されたラランデ暦書は個人の持ち物で、与えられた時間は十数日。至時は正敦に幕府の蔵とすることを進言し、五ヶ月後の七月に買い上げられた。以降翌文化元年（一八〇四）一月に死去するまで、至時は同書の研究に没頭した。

吉宗の願いは、禁書の緩和から一二四年を経て、天保暦においてようやく実現したことになるが、天文学におけるヨーロッパの優越性は、そもそも権威を象徴する学問として将軍がヨーロッパ天文学を求めた時点で、蘭学者たちにとって所与の条件としてあったのだ。

至時・景保親子が生きた時代が吉宗の頃と違うのは、天文学が暦を作るためだけではなく、ヨーロッパの世界航海を支える基盤であることへの気づきが生まれていたことである。ヨーロッパ天文学の優位性に対する理解は、その導入のための国家的事業が長期にわたって進められる中で、日本に来航する外国船が増加し、それが脅威と受け止められ、ヨーロッパの動向への理解が深まることによって確信に変わったのだ。

天体観測の革新

寛政暦は、理論にとどまらず、天体観測の精度を高めたことによって実現できたといわれる。その立役者は高橋至時と同門の間重富《はざましげとみ》である。

大坂の富裕な質商であった重富は、国内に二、三点しかなかった『暦象考成後編』を入手し、師麻田剛立《あさだごうりゅう》（一七三四—一七九九）と、天明七年（一七八七）頃に入門した自分と至時との三人による共同研究に供し、財力を活かして観測機器の開発・改良につとめ、麻田門の研究を他の追随を許さないレベルにまで引き上げた。

剛立は、『暦象考成』等の漢籍から理論を学ぶ一方で、『新製霊台儀象志《れいだいぎしょうし》』（一六七四年）をもとに観測機器を製作し、天体観測の精度を高めることにつとめた。『新製霊台儀象志』とは、フェルディナンド・フェルビーストが、ティコ・ブラーエの“Astronomiae Instauratatae Progymnasmata”（一六〇二年）を元に、清朝の天文台に備え付けた観測機器を

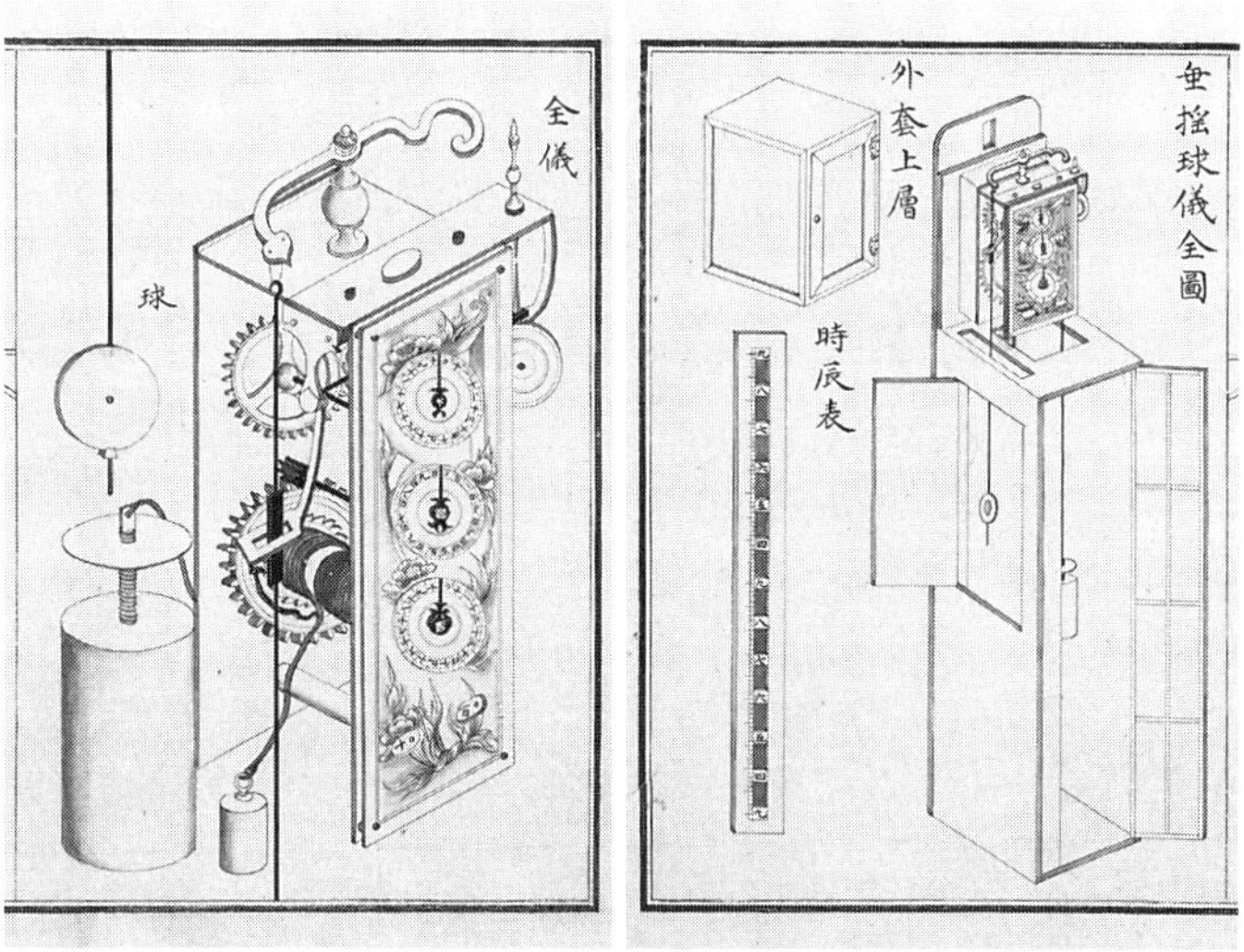

図45　垂揺球儀（『寛政暦書』巻19より　国立公文書館所蔵）

解説したものである。重富は、師が先鞭をつけた機器開発をさらに発展させ、数々の機器を作ることにより、精密な観測結果を用いて理論を評価し再検討する方法の確立に貢献したのだ。

　重富の代表作としてよく知られるのが、精密に時間を計測するための垂揺《すいよう》球《きゅう》儀《ぎ》だ（図45）。剛立が『新製霊台儀象志』に学んで作った、振り子の振動数で時間を測る垂線球儀（図46）に改良を加えたもので、垂線球儀にはなかった振動数を表示できる仕組みがあり、一日の誤差もわずかで、かなり精密な観測が可能となった。また、天体の高度を測る象限《しょうげん》儀《ぎ》（図47）は、日本では一八世紀初頭から用いられていたが、

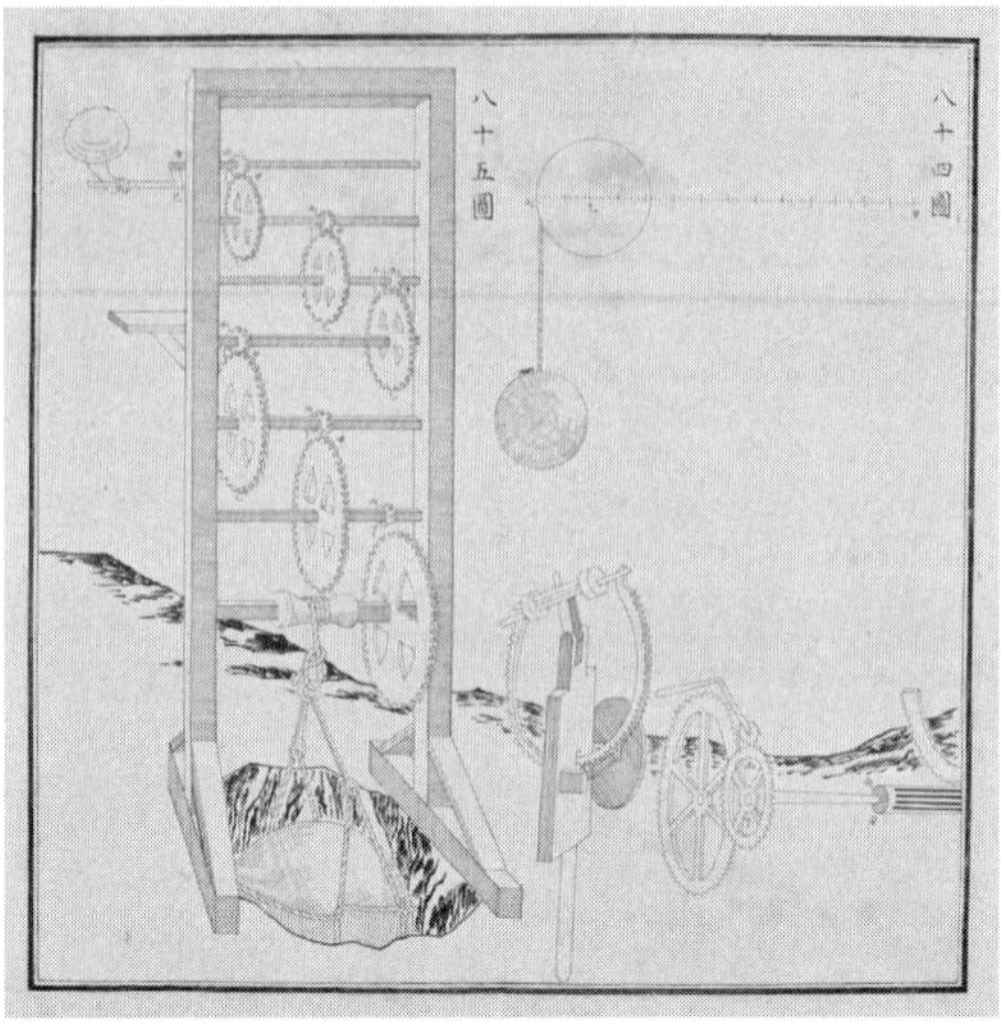

図46　垂線球儀（『新製霊台儀象志』より　早稲田大学図書館所蔵）

重富は『新製霊台儀象志』を参考に、望遠鏡を仕込んだ可動式の照準器を装備し、目盛には一度の六〇分の一まで測ることのできる対角斜線目盛（ダイアゴナル目盛）（図48）を採用することで、測量の精度を格段に高めた。

新しい理論と方法を用いた剛立らの研究の評価は高まり、寛政六年（一七九四）、大坂の定番同心《じょうばんどうしん》であった至時と重富は江戸に呼ばれ、幕府の改暦事業に取り組むこととなった。

やればできる

江戸の浅草天文台で改暦作業に従事した高橋至時と間重富から、当時最先端の天文学の理論と方法を学び、その成果を地上の測量に落とし込み、そのレベルの高さを目に見える形で表現したのが伊能忠敬《いのうただたか》だ。

寛政一二年（一八〇〇）に始まる忠敬の全国測量の旅は、日中は伝統的な方法で地上を

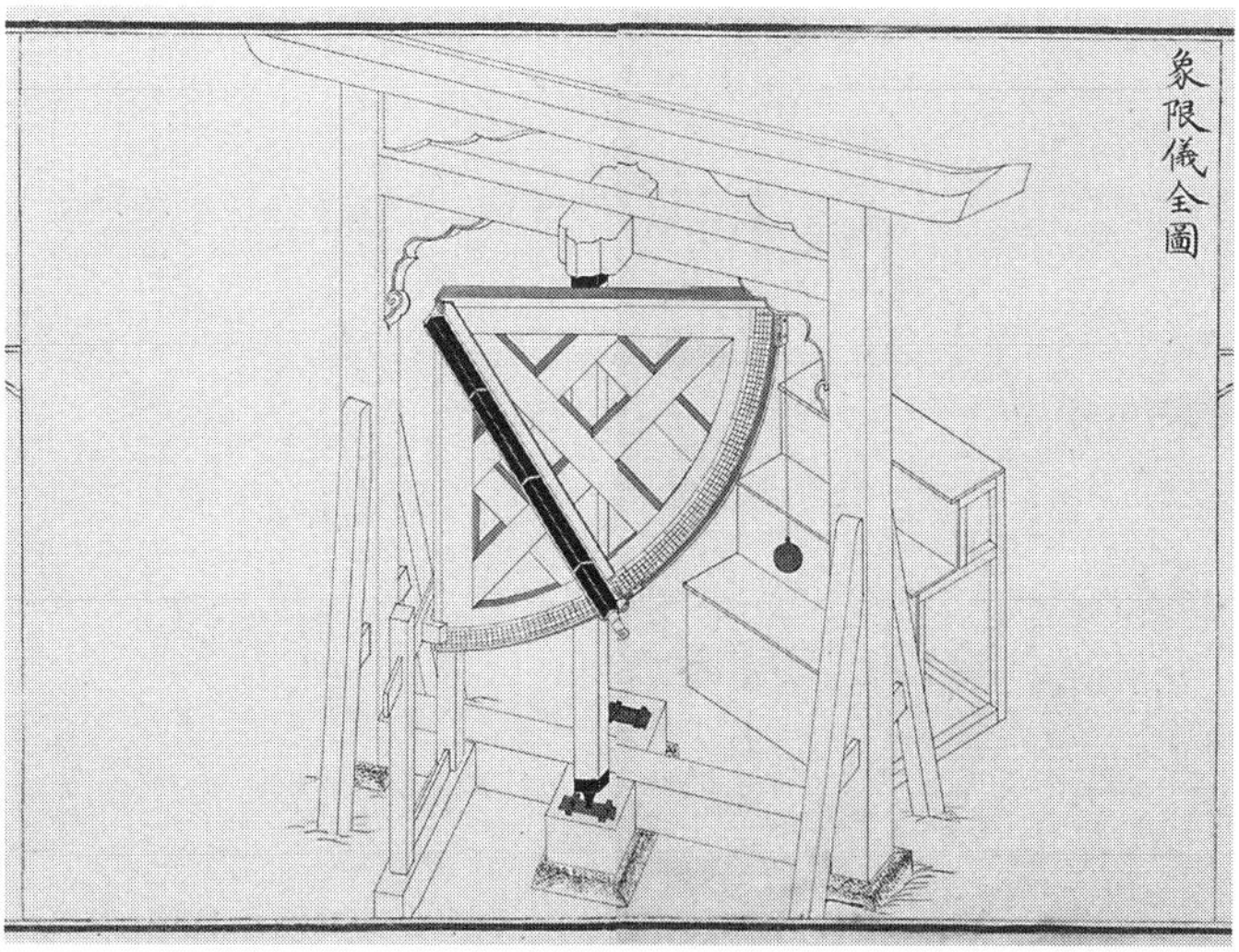

図47　象限儀（『寛政暦書』巻20より　国立公文書館所蔵）

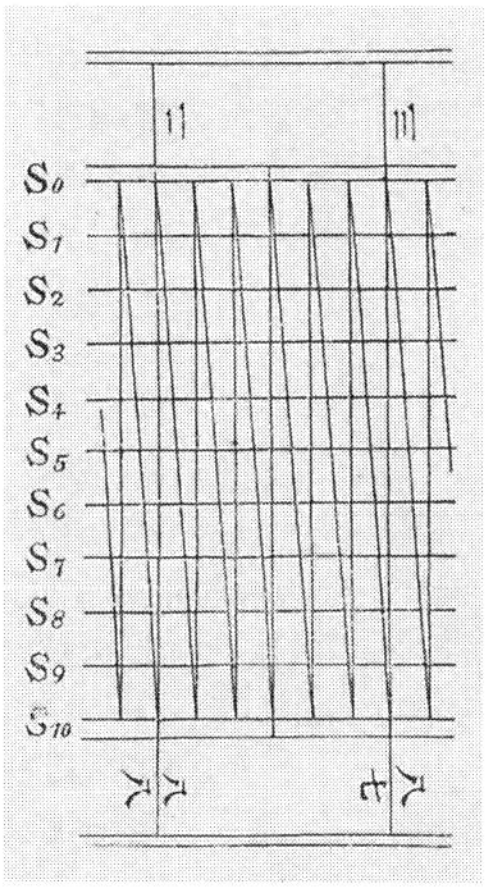

図48　対角斜線目盛（大谷亮吉編『伊能忠敬』岩波書店, 1917年より）

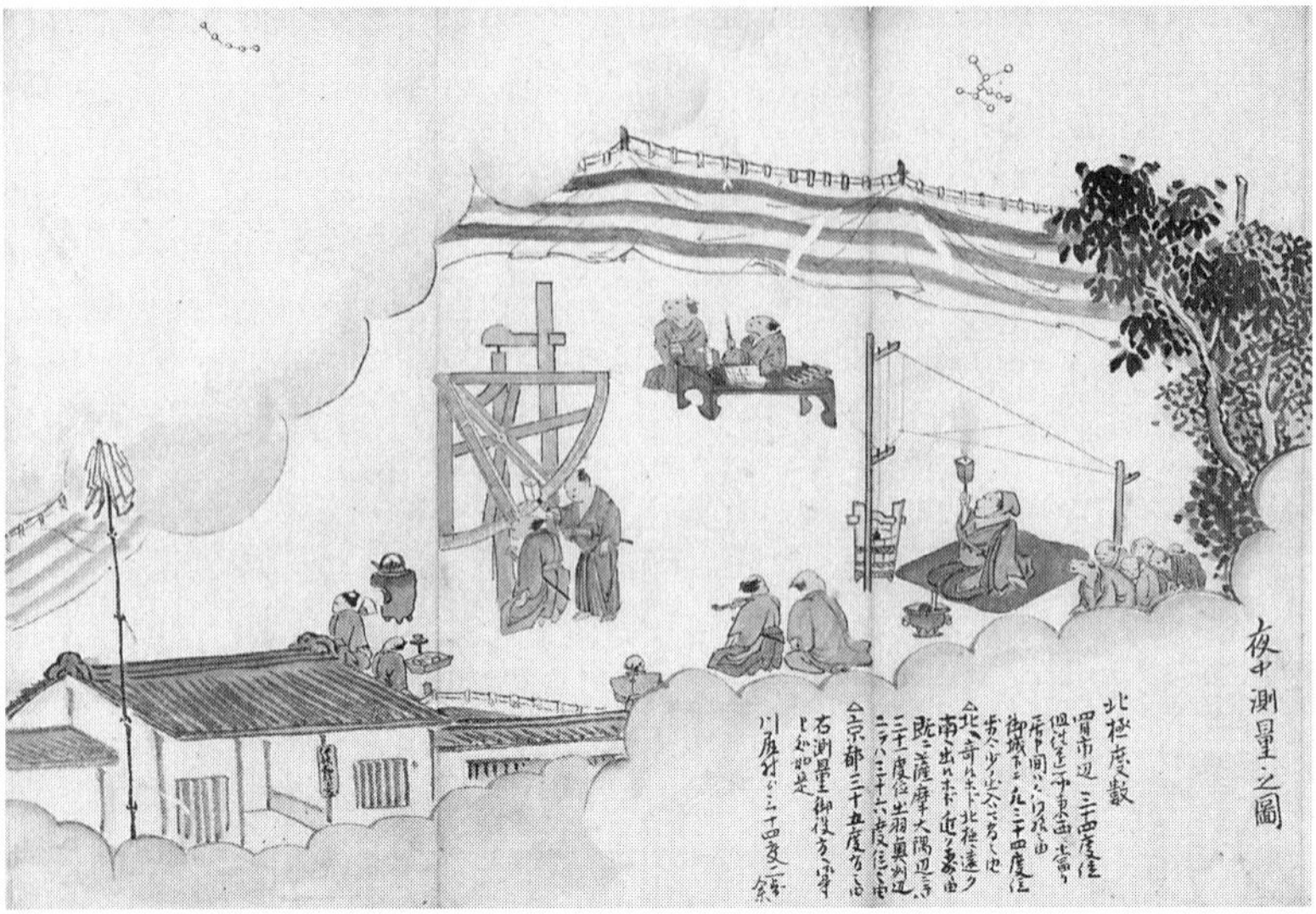

図49　「夜中測量之図」　広島城所蔵

測量し、夜間は天文測量によりその地点の経緯度を測量し誤差を調整する日々の繰り返しであった。天体観測に用いた基本的な機器は、垂揺球儀と象限儀、そして、子午線儀である。いずれも重富が開発し、浅草天文台に備えられた機器で、持ち運び用に改良されたものという。

子午線儀は恒星が子午線を通過（南中）する瞬間をとらえるためのもので、図49の右側に見える。二つの柱を南北を結ぶ子午線上に立て、その間に糸で張った三角形を、その面が子午線に一致するように設置する。子午線儀の担当者が糸の真下に座って空を見上げ、観測対象の天体が糸＝子午線を通過する時に合図し、図49の中央にある象限儀の担当者が天体の高度をはかり、緯度を割り出した。一方、経度は、日食や月食、木星の衛星の動きを、出先と江戸とで同時観測し、垂揺球儀で記録した時刻を用いて時差を求めることで把握しようと努めた。経度の測定は、正確に時を刻む時計がなかった時代には至難の業であったとされるが、月食観測については、一定の成果を認める評価もある。

忠敬の死後に完成した「大日本沿海輿地全図《だいにっぽんえんかいよちぜんず》」（一八二一年）の正本は近代に入って失われてしまったが、いくつもの副本や写本が残されており、その見事な出来映えは見る者を魅了する。人工衛星を利用して作られた地図を見慣れた現代の私たちは、忠敬がいかに正確な地理表現に近づいたかという点に関心を向けがちだが、忠敬と同時代の人びとは、それまで目にしたことのないタイプの地図を目にして、その精細さに驚き、正確性を信じ、賞讃したことだろう。

忠敬が作製した地図に対する幕府の評価は、測量の旅の位置づけが変化する経過に如実に表れているといわれる。忠敬の第一次測量（一八〇〇年）は、師至時が与えた課題、すなわち、地球の大きさを知るため、実測により緯度一度の距離を確定することを目的としていた。経費は幕府から最小限が支給され、足りない分は自己負担。第一次の蝦夷地測量の旅は、いわば師弟の個人的なプロジェクトであったが、その成果は、地図に仕立てられ幕府に提出された。第二次の東北の測量（一八〇一―〇二年）は、若干支給額が増えるも不足分の自己負担はかわらない。ただ、第一次は試しであったものが、第二次は幕府の測量御用として実施された。第三次（一八〇二年）と第四次（一八〇三年）では、天文方の正式な業務として東日本の測量がなされ、支給額も増額。残る西日本の測量が幕府の事業として行われることになった転機は、第四次までの測量成果をまとめた東日本の「沿海地図」であった。

文化元年（一八〇四）八月一日に天文方から上呈された同図は、縮尺の異なる大図六九枚、中図三枚、小図一枚から成る。大図は三万六〇〇〇分の一、中図は二一万六〇〇〇分の一、小図は、四三万二〇〇〇分の一の地図で、若年寄堀田正敦の命により、八月一七日に江戸城大広間に並べられ、老中や若年寄に披露され、九月初めには将軍徳川家斉《いえなり》の上覧があった。この後、忠敬は百姓身分から幕臣に取り立てられ、至時の死後幕府天文方となった高橋景保の下で、西日本の測量事業を継続するよう命じられた。測量の規模をこの前後で比較すると、第四次までの出張日数は計七六一日、測量隊の人数は延べ二三人であるのに対し、第五次（一八〇五―〇六年）から第九次測量（一八一五年）の出張日数は二九三六日、測量隊員数は延べ七七人（鈴木純子二〇二三）。一回あたりの平均は、第四次までが一九〇日と五人、第五次以降は五八七日と一五人で、その差は歴然である。

忠敬の実測に基づく地図に、幕府が見いだしたであろう意義は二つ。一つ目は、ヨーロッパの「科学」と「技術」の優越性が目に見える形で証明されたことである。天文測量により地上の位置を把握する方法は、忠敬の地図を見る限り確かに有効であり、この分野におけるヨーロッパの優越を否定できる者はいなかったはずだ。二つ目は、ヨーロッパの「科学」と「技術」は獲得可能であると証明されたことである。日本においても、天文測量により地上の位置を把握することは確かに実現できたのであり、この自信は、ヨーロッパからより多くを学ぼうとする動きを後押ししたであろう。ショメールの翻訳として現れるその動きについては後述することとして、もう少し、忠敬の仕事が残した影響についてたどっておこう。

天文測量の可能性と普及

伊能忠敬の「大日本沿海輿地全図」は、幕府に提出され、幕末に刊行されるまで、一般の目に触れる機会は限られていたとされる。確かに幕府に収められた図は容易に見られるものではなかったが、しかし、忠敬の精密な地図が幕府の独占物であったかといえばそうではない。

忠敬の作製した図は一般に伊能図と呼ばれ、三八〇種ほどの現存が確認されているというが、目に見えないほど小さいものも含め針穴があるか否かが、忠敬がかかわった図とそうではない書写図とを区別する判断基準とされる。忠敬が地図を作製する工程ではさまざまな種類の地図が作られたという。まず、およそ一日で測量できる範囲を図にした測量下図が作られ、次に、下図をつなぎ合わせた寄図《よせず》が作られる。そして、寄図を元にして大図の、大図を縮小し接合して中図の、中図を縮小し接合して小図の、それぞれ原図を作製。原図に示された測量地点を針で突いて写し取り、できた針穴を線でつなげば原図の表現を正確に再現できるというわけだ。

こうして作られた地図が、幕府に上呈されたと考えられているが、針穴のある地図は、大名家にも伝来する。平戸《ひらど》藩松浦《まつら》家や徳島藩蜂須賀《はちすか》家の旧蔵図は、藩主が忠敬に依頼して献上されたことが確実で、この他、弘前《ひろさき》藩津軽《つがる》家や長州藩毛利家、若年寄堀田正敦の旧蔵図などが知られている。一方、針穴のない地図には、幕府勘定奉行として忠敬の測量にもかかわった中川忠英《ただてる》（一七五三―一八三〇）の旧蔵本、老中土井利厚《としあつ》に仕えた古河《こが》藩家老鷹見泉石《たかみせんせき》や、天明二年（一七八二）以降、幕府天文方で改暦や測量に従事した津和野《つわの》藩士堀田仁助《にすけ》（一七四五―一八二九）の書写図などがある。いずれも幕府に収められた図が原図と考えられ、幕臣や大名家臣でも立場次第で書写する機会が与えられたことがわかる。

忠敬の測量の後、主に西日本の諸藩で、大がかりな測量事業が計画され、広域測量図が作製されたといわれる。精細な地図の製作を可能にした測量術が、境界をめぐる争いや新田開発、海岸防備など、領内支配のさまざまな局面に有効であると考えた大名が少なからずいたことがうかがえる。一方、忠敬の測量作業そのものが、日本の各地に、最新の理論や機器、方法を直接伝える機会として機能したことも見逃せない。

忠敬が残した測量の旅の日々の記録には、測量隊に同行して測量作業に加わる者、測量の実際や測量機器の見学のために訪れる者、忠敬に教えを乞うたり入門を願う者、地図や資料の借用や機器購入の仲介を願う者等々、測量への関心から忠敬を訪れた人びとが現れるという。来訪者は、測量を任務とする藩の役人や庄屋層で、忠敬が用いた測量機器の図や用法の記録、機器そのものが伝存する地域もある。

忠敬の測量を機に、各地で測量に使われていた磁石は、間重富が改良し忠敬の用いた彎《わん》窠羅針《からしん》に置き換わったとされる。麻田剛立らに直接学んだ人びとが、地元で精密な地図を作製した事例があることから、剛立門下の研究は当時の日本における測量技術の変革を促したと評価されるが、忠敬による各地での測量の実演はその変化に一役かったといえるだろう。

忠敬が木星の衛星を観測対象としていたことは前述したが、それは、至時のラランデ暦書の研究が始まり、ガリレオの発見した、木星の周りを異なる軌道で回転する四つの衛星、いわゆるガリレオ衛星の存在が知られて以降である。忠敬が各地で行った測量はまさに最先端の試みであり、「昔はなかった西洋新流の術で、地図などとても細かい」（奥宮正樹

「測量日記」）と噂された測量を間近で見られる機会が、地域に刺激を与えたであろうことは想像に難くない。忠敬の測量事業は、測量の成果のみならず方法も含めて、ヨーロッパの優れた「科学」と「技術」を伝達するメディアの役割を果たしたといえるだろう。

ショメールの翻訳

伊能忠敬の測量が進行中であった文化七年（一八一〇）秋、馬場佐十郎の「硝子《がらす》製法集説《せいほうしゅうせつ》」が完成した。奥医師渋江《しぶえ》長伯《ちょうはく》（一七六〇—一八三〇）の進言で幕府が購入したショメールと、ボイス、ケレルクの三書からガラスの製法にかかわる記述を翻訳したものである。文化七年といえば『新訂万国全図』が完成した年であり、佐十郎は、高橋景保の世界地図製作を手伝うのに併行して、この仕事を進めていたのだ（一五四頁表6）。

ショメールとは、フランスのノエル・ショメール（Noël Chomel　一六三三—一七一二）が編んだ『日用百科辞典（Dictionnaire Oeconomique）』（初版一七〇九年）の蘭訳改訂版“Algemeen Huishoudelijk-, Natuur-, Zedekundig-en Konst- Woordenboek”（一七七八年）のこと。ボイスとは、蘭学者が「ボイス学芸辞典」と呼んで重用したエグベルト・ボイス（Egbert Buys　?—一七六九）の辞書“Nieuw en volkomen Woordenboek van konsten en Weetenschappen”（一七六九—七〇年）で、ケレルクとは、ケレルク（Pieter Le Clercq　一六九二—一七五九）が執筆した自然や自然史にかかわる書物“Schouwtoneel der Natuur, of Samenspraken over de

Bijzonderheden der natuurlyke Histori”（一七三七年）のことである。

佐十郎は、同書の作成の目的を次のように述べている。

> 我が国のガラスはヨーロッパからの舶来物とは、質、丈夫さにおいて大きく異なる。日本では大型の製品や厚い板ガラスを作ることもできない。国産のガラス瓶は精の強い液体を入れると数日したら自然に割れてしまうが、舶来物にはこのようなことはない。そこで、西洋ガラスの製造法を蘭書から集め訳すよう命じられた。
>
> （「硝子製法集説」凡例）

長伯は、同書を用いてガラス製品を作り幕府に献上するとともに、ガラス工房を設け職人を置いたと記している（「鴨村瑣記」）。佐十郎には、ショメールから金・銀・銅・鉄・錫・鉛・水銀の七つの金属の産地や製法、効能等冶金の記事を抄訳した『泰西七金訳説《たいせいしちきんやくせつ》』（一八五〇年刊。成立は一八二一―二三年頃）があるが、各巻の巻頭には「渋江虬（長伯）鑿試《さくし》（試験の意）」とあって、これにも長伯がかかわっていたことがわかる。

幕府の薬園を預かる立場にあった長伯は、同じ頃、巣鴨の薬園で綿羊《めんよう》を一〇〇匹あまり飼育し、羅紗《らしゃ》などの毛織物を作ることに成功している。文化八年の初めには、奥多摩（東京都）の村々に、国益になるとして、望む者には長伯の飼育する雌雄の綿羊と飼育法の書物を下げ渡すという内容の触れが回っている（「杉田家文書」）。江戸時代中期以降に現れる国益の語には、大名の支配する領国を単位とする場合と、日本全体を単位とする場合の二つの概念があるが、触れに言う、長崎貿易の輸入品である羅紗を国内で生産することによってもたらされるであろう国益とは、後者に属する。西洋ガラスの試作にせよ、金属の製法への関心にせよ、綿羊飼育と同じく、ヨーロッパの「技術」を導入して国産化をはかろうとする試みとみていいだろう。

高価な輸入品を国内の生産品で代替させようとする政策は、徳川吉宗に始まる。吉宗は、新井白石のとった長崎貿易における国外への金銀の流出の抑制策を支持し、朝鮮人参の国産化や全国の物産調査などの産業振興策を推進した。長伯に見られた通り、蘭書からヨーロッパの「科学」と「技術」を学ぶ動きは、天文学以外の分野にも広がっていたのである。

そして、文化八年三月、佐十郎は景保の下でショメールを翻訳するよう命じられた。いわゆる蛮書和解御用《ばんしょわげごよう》である。天文や動物、植物、鉱物といった自然現象、医療や薬品、原料から成分を抽出する蒸留や精製法などの科学的知識、作物の栽培や家畜の飼育法、洋紙の製法といった産業関連など、多様で豊かな内容を持つショメールの有用性と、志筑忠雄にヨーロッパの自然科学の手ほどきを受けた佐十郎に、これを読み解く能力があることとを確信してのことであろう。同年五月には大槻玄沢が佐十郎の補助を命じられ、佐十郎の死後も弘化二年（一八四五）頃まで続けられた成果は、正編七〇巻続稿三二巻から成る大部の書物となった。訳者として名を連ねたのは、全部で七人であった。

訳書は、「書経」の「正徳利用厚生」にちなみ「厚生新編」と名付けられた。人びとが豊かで健康な暮らしができるよう、有用な技術や方法、知識を網羅したという原書の趣旨が、儒学の基礎文献である「書経」の言う、自らの徳を正しくして、民の役に立ち、民の生活を豊かにする理想の君主像に重なるというのだ（「厚生新編」第一巻「訳編初稿大意」）。翻訳は、アルファベット順にAから進められたが、事項はすべてではなく、実用本位で取捨選択された。一般の利用に役立たせられるよう、訳文は、わかりやすい仮名交じり文であった。

文政一一年（一八二八）には、ショメールの翻訳事業の統括責任者である景保が、シーボルト事件により幕府に捕えられ翌年獄死し、天保一〇年（一八三九）には、その四年前からこの事業に加わった小関三英《こせきさんえい》（一七八七―一八三九）が、親交のあった渡辺崋山《かざん》や高野長英《ちょうえい》（一八〇四―五〇）が投獄されたいわゆる蛮社《ばんしゃ》の獄の累が及ぶと考え、自刃した。事業の直接の関係者が弾圧の対象とされてもなお、なぜ幕府はこの事業を続けたのか。ここには、ショメールの翻訳への期待、ヨーロッパの「科学」と「技術」に注がれた幕府の関心の高さを読み取れる。

幕府のショメールの翻訳は、新しい学問分野への扉を開いた。植物学である。文政九年（一八二六）からショメールの翻訳に加わった津山藩医宇田川榕庵《うだがわようあん》（一七九八―一八四六）は、文化一四年（一八一七）に「ショメールを読み、はじめて植学（植物学）があることを知った。これにより思索を尽くし、得るところがあった。そこで弟子たちに講義して教えた」と記している（「宇田川榕庵自叙年譜」）。この年は養父玄真《げんしん》（一七六九―一八三四）が「厚生新編」巻一七を翻訳していた年にあたり、榕庵は父を介して、分類学の父と呼ばれるリンネ（Carl von Linné　一七〇七―七八）の著作を底本とする、ショメールの「PLANTEN-KUNDE（植物学）」の項目に接したと考えられている。

植物学はじまる

学びを深めた榕庵は、文政五年、ラテン語の Botanica（植物学）の音訳を冠した『菩多尼訶経《ぼたにかきょう》』を出版。ヨーロッパの植物学を日本に初めて紹介し、天保五年（一八三四）には、植物の各器官の形態や生理、物質循環、リンネの分類法などヨーロッパ植物学を体系的に解説した『植学啓原《しょくがくけいげん》』を刊行した。榕庵は、花を生殖器官ととらえ、雄しべと雌しべに注目して植物を分類するリンネの性分類体系の、初期の理解者の一人であった。主に薬用の視点から植物をとらえた中国由来の本草学から、植物の形状や構造、仕組みを研究するヨーロッパの植物学へ。ショメールは、植物をとらえる日本人のまなざしに変化を与えたのだ。

榕庵は、後述する通り、ヨーロッパの化学を紹介した人物としても知られる。漢方の言う凝水石《ぎょうすいせき》が瀉利塩《しゃりえん》（エプソム塩）と同一の物質であることを同定した、榕庵最初の化学書「暗厄利斯《あんげりす》瀉利塩考《しゃりえんこう》」（一八一九年）の序にも、父玄真がショメールで確認し、同定に間違いないことを確信したとのくだりがある。榕庵がヨーロッパの「科学」の研究を深めるにあたって、ショメールが大きな意味を持っていたことがうかがえる。

この時期、ショメールだけがヨーロッパの「科学」に近づく道だったわけではもちろんない。先述したボイスの学芸辞典は蘭学者に重用されていたし、ニュートン力学を解説したイギリスのジョン・ケール（John Keill　一六七一―一七二一）の物理学書“Introductiones Ad Veram Physicam Et Veram Astronomiam”（一七四二年）の蘭訳版を、志筑忠雄が「暦象《れきしょう》新書《しんしょ》」と題して翻訳したのは、寛政一〇年（一七九八）から享和二年（一八〇二）にかけてのこと。一八〇〇年には、リンネの“Beschrijving der Dieren, Planten etc.（動植物等の説明）”（『自然の体系』“Systema naturae”（一七三五年）か）が長崎を経由して日本に入っているし（永積一九九八）、高橋至時がラランデ暦書を研究したのは享和三年。榕庵の父玄真が、医療には人体の構造と機能を知ることが不可欠と考え、解剖学の蘭書を翻訳し、生理学、病理学にわたる『医範提綱《いはんていこう》』を著したのは文化二年（一八〇五）である。

一八世紀から一九世紀への世紀の転換期、日本においてヨーロッパの概念が成熟し、その存在感が大きくなっていく時期に、自然の成り立ちや原理への知的関心が高まっていたことがうかがえるが、蘭書の注文帳にも、それを裏付けるような変化が現れる。一八一八年の「1 stel Nieuw natuurkunde（新しい物理学一セット）」、一八一九年の「1 Nieuwe scheikundige boek（新しい化学書一冊）」、一八二六年の「1 boek te verkalaren scheikundige Lavoisier（ラボアジェの化学の解説書一冊）」など、天文学や地理学、医学、博物学、語学以外の、一八世紀段階には見られなかった分野の書籍が出てくるのだ。しかも、一八二七年の化学・薬学・物理学・医学の書物の注文には、一九世紀に印刷されたものに限るとの条件がつけてあって（永積一九九八）、最新の成果をよしとする高橋景保のような考え方が、ヨーロッパの「科学」全般に対して広がっていたことがうかがえる。ショメールの翻訳は、産業振興に動機づけられて始まった事業ではあるものの、一方で、自然現象をそれまでになかったヨーロッパの新しい観点において理解しようとする、この時期の知的欲求に呼応していたことは見逃せない。

天保七年（一八三六）、豊後国（大分県）日出《ひじ》の儒者帆足万里《ほあしばんり》（一七七八—一八五二）は、ヨーロッパの物理学を体系的に紹介した『窮理通《きゆうりつう》』（一八五六年刊）の序文で、以下のように述べている。

ヨーロッパの学問は、長い積み重ねがあり日進月歩で進んでいる。明代（一三六八―一六四四）以来、可辟児《コペル》が天体を論じ（コペルニクスの地動説）、欽夫列児《ケプレル》が星を比し（ケプラーの惑星運動の法則）、波意玄斯《ホイヘンス》（Christiaan Huygens　一六二九―九五）が降下を考察し（光の波動説か）、奈端《ニユートン》（Isaac Newton　一六四二―一七二七）が牽引を明らかにし（万有引力の法則）、また、花蘂《かずい》雌雄の弁別（リンネの性分類体系）、気水分析の方法（ラボアジェの化合物の発見）がある。彼らが用いる器械には、顕微の鏡、排気の鐘（真空ポンプを備えつけたガラス製の鐘状の器具）、層累生焔の柱（電流を起こすボルタ電《でん》堆《たい》か）、升降候気の管（寒暖計）がある。学問に役立ち知識に有益なものは東洋の及ぶところではない

万里は、『窮理通《きゆうりつう》』の中でヨーロッパの「科学」に対する批判も述べており、諸手を挙げてこれを受け入れていたわけではないが、一九世紀に入ってから三〇年ほどのうちに、ヨーロッパの「科学」と「技術」に対する理解は着実に深まっていたことがうかがえる。

幕府の限界と親試実験の系譜

ショメールの翻訳が始まって間もない文化九年（一八一二）頃、天文方担当の若年寄堀田正敦は、蘭学興隆のために何が必要かを大槻玄沢に諮問した。玄沢は、翻訳の専門官を複数置いて、ショメール以外にも、地理学・数学・物産学・本草学・医学についての翻訳を行う和解御用役所の新設を提

案した（「蘭学梯航附二」）。注目したいのは、役所には土地と建物を与え、敷地内で薬品の製造や各種の実験、植物の試験栽培などを行う、としていることだ。翻訳だけでなく実際に試してみましょう、西洋ガラスを作り、綿羊を育てた渋江長伯の試みを組織的にやりましょう、要するに、ヨーロッパの「科学」「技術」の研究機関を作りましょうというのだ。

幕府がこのような機関を作るのは、幕末、アメリカ等との和親条約締結後の安政三年（一八五六）まで下る。玄沢の提案むなしく、この時点では、土地と建物を持つ独立した和解御用役所は作られず、専従者を複数置くことも実現せず、翻訳する対象もショメール以外は外交上の必要に応じた範囲に限られた。幕府内で、ヨーロッパの「科学」と「技術」を組織的に獲得しようという合意形成が成るほどには、まだ機が熟していなかったのだ。

玄沢の述べた実際に試してみることを重んじる親試実験の態度は、一八世紀前半、伝統的な中国医学を批判的に見直す動きの中から生まれたとされる。これに刺激を受け、杉田玄白は蘭学へと向かい、この態度は蘭学者たちに受け継がれた。麻田剛立門下の活躍が示す通り、その態度は医学に限られたものではなく、植物学の開創宇田川榕庵も医業以外の分野で、親試実験を何より重んじたと評される蘭学者の一人である。

榕庵が天保八年（一八三七）から始めた『舎密開宗《せいみかいそう》』の出版は、榕庵死後の弘化四年

（一八四七年）をもって終了する。内篇六篇、外篇一篇、全二一巻から成る大部のこの書物が冠する「舎密」は、化学を意味するオランダ語chemieの音訳で、「開宗」はおおもとを開くというほどの意味であろう。近代化学の父とも称されるラボアジェ（Antoine-Laurent Lavoisier　一七四三—九四）の化学理論に基づき、物質の化学変化と状態変化を詳しく解説した同書は、すべての物質現象を元素の概念から統一的に把握するヨーロッパの化学的な見方を、初めて体系的に紹介した画期的な書物として高く評価されている。

　目次を見ると、たとえば初篇では「酸素瓦斯ヲ得ル法　凡五則（酸素ガスの製法　五種の方法）」、「暗模尼亜《アンモニア》　製法」というように、さまざまな物質の製法に関する記述がある。榕庵がこれらをどの程度実験により確認したかは不明だが、同書には、榕庵が実際に作った化学物質や製造試験の記事がいくつも見られる。鉱泉分析の方法を扱った外篇は、榕庵が文政一一年（一八二八）から天保一四年（一八四三）にかけて行った各地の温泉の化学分析を元にしたものであり、また、榕庵と弟子五人とが、ガルバニ電池（ボルタ電堆）を試作した実験を、弟子が記録したレポート「瓦爾華尼越列機的児《ガルバニエレキテル》造作記《ぞうさくき》」（一八三一年序）も残っている。

　玄沢の親試実験の提言は、幕府に採られるところとはならなかった。しかし、その営みは蘭学者の間で受け継がれ、大きな成果を生んでいた。

適塾開塾

天保九年（一八三八）、緒方洪庵（一八一〇―六三）は蘭学を教える適塾《てきじゅく》（正式には適々斎塾《てきてきさいじゅく》）を大坂に開いた。文政九年（一八二六）、大槻玄沢と稲村三伯《いなむらさんぱく》（一七五八―一八一一）に学んだ大坂の中天游《なかてんゆう》（一七八三―一八三五）の門に入り、天保二年（一八三一）には江戸へ出て坪井信道《つぼいしんどう》（一七九五―一八四八）に入門。洪庵は、信道のすすめで宇田川玄真にも師事した。洪庵と玄真の関係は深く、死の間際の玄真から託され、一五年をかけて『病学通論』（一八四九年）を完成させている。日本初の、病気の原因とそれによる身体の変化を研究する病理学の書物であった。そして、洪庵が江戸で学んだ五年間は、宇田川榕庵がヨーロッパの化学を探究していた時期に重なる。「医術も製薬の方法もこの学問の領域（化学のこと）に属さないものはない」（『舎密開宗』自序）と喝《かっ》破《ぱ》した榕庵に、洪庵もおおいに触発され学んだことであろう。

安政二年（一八五五）に入塾した福澤諭吉の自伝『福翁自伝』（一八九九年）は、適塾の教育の実践を知る手がかりとしてしばしば言及される。自伝から概略を紹介しよう。

入塾したら塾生はまず語学を学ぶ。テキストはガランマチカとセインタキス。一〇人から一五人の塾生が素読する傍らで先輩が解釈を聞かせる方法で二冊を読み終えると、今度は会読。塾生が分担してこの二冊を読み合って意味を論じ合う段階へと移り、これができるようになると、その次は、塾に一〇冊ほどある物理学や医学の蔵書の会読に移る。この段階では、人に教えを請うことはできず、一冊しかない原書から、くじで決まった自分の担当箇所を写し、塾の辞書を使って自力で読み込み、毎月六回の会読に臨む。会頭をつとめる塾頭から厳しく出来が評価され、七、八級に分かれた各等級のトップを三ヶ月維持すれば、上の級に進級する仕組みであった。塾生たちは寝る間を惜しんで勉学に励んだ。

実地のこともなかなか勉強した。塩酸亜鉛で鉄に錫でメッキすることを思いたち本を読んで塩酸を作ってみたり、ヨウ素を作ろうとして、コンブやアラメを買ってきて、真っ黒になりながら土鍋で煎ってみたものの失敗したり、塩化アンモニウムを作るために鼈甲屋《べっこうや》から馬爪《ばず》の削りくずをもらってきて蒸し焼きにしたところ、それらしいものはできたが結晶化せず、しかも、塾中に臭い匂いが充満したのに辟易《へきえき》して諦める者、諦めずに淀川の船に七輪を持ち込み、苦情が出れば船を動かして実験を続けた者があったり。適塾では、犬猫から死刑人の解剖、その他製薬の実験は毎度のことであった。

語学の教科書ガランマチカ（一八四二年）とセインタキス（一八四八年）は、オランダで出版されたオランダ語の教科書で、文法の本“Grammatica, of Nederduitsche spraakkunst”（一八二二年）と構文の本“Syntaxis, of woordvoeging der Nederduitsche taal”（一八一〇年）とを、玄真門下の箕作阮甫《みつくりげんぽ》（一七九九―一八六三）が筆記体で復刻したものである。語学だけでなく、諭吉らの実験にも教科書があった。『舎密開宗』だ。たとえば諭吉が抽出に失敗したヨウ素は、『舎密開宗』では、一八一一年に発見された新金属と紹介され（五篇巻一五）、弘化三年（一八四六）に、島立甫《しまりゅうほ》（一八〇七―七三）が、コンブの焼灰から、舶来物と変わらない性質のものを抽出するのに成功したと記され（外篇巻一）、塩化アンモニウムは、ドイツに専門の職人がいて商品化されていて、腐敗した尿や動物の毛くずや骨、角などの廃物から作ると書かれている（二篇巻六）。嘉永元年（一八四八）、洪庵は榕庵の養子興斎《こうさい》（一八二一―八七）に宛てて、前年に『舎密開宗』の外篇を送ってくれた礼を述べ、門人が願っているので内篇五篇と六篇を送ってほしい、と書き送っており（『緒方洪庵全集』第五巻）、塾生のために洪庵が同書を適塾に架蔵していたことは確実である。

先に帆足万里の文章を紹介したが、一八三〇年代には、ヨーロッパの「科学」と「技術」に対する蘭学者たちの理解は深まっており、その中から、自らが学んだ知識を、わかりやすい仮名交じり文で表現し、出版する者が現れた。玄真の『医範提綱』、榕庵の『植学啓原』『舎密開宗』はその代表的なものである。原書を読まずとも、ヨーロッパの「科学」と「技術」に触れる基盤が整いつつあったその時期に、適塾は始まり、諭吉もその恩恵に浴していたのだ。

適塾の塾生は、開塾以降洪庵が死去するまでの期間で一〇〇〇人近くに達し、出身地はほとんど全国に及んだとされる。江戸で坪井信道の塾と双璧をなした伊藤玄朴《げんぼく》（一八〇〇―七一）の象先堂《しょうせんどう》は、天保四年（一八三三）から明治三年（一八七〇）までの門人数は四〇六人を数え、出身地は六一ヶ国に及ぶという。同じ時期、江戸では、宇田川玄真・榕庵、馬場佐十郎らにも門人がいたし、他の地域で開塾した蘭学塾には、たとえば、信道に学んだ広瀬元恭《ひろせげんきょう》（一八二一―七〇）が開いた京都の時習堂《じしゅう》、志筑忠雄に師事した長崎の吉雄《よしお》権之助《ごんのすけ》（一七八五―一八三一）の塾、権之助門下の吉雄俊蔵《よしおしゅんぞう》（一七八七―一八四三）が名古屋で開いた観象堂《かんしょうどう》などがある。蘭学を教授する藩校が全体の一割に過ぎない中で、ヨーロッパの「科学」と「技術」に関心を持つ人びとを全国から受け入れた蘭学塾は、文明のヨーロッパの先進性を伝達する拠点となっていたのである。

将軍への忠義の行く先——エピローグ

ロシアの存在を把握し、それを脅威ととらえたことを起点に、ヨーロッパの圧倒的優位のもとで世界が構造化されていること、その波が日本に及びつつあることが解明された結果、政治・外交面では対ヨーロッパを念頭に再編がなされ、それに併行して、ヨーロッパに学び受け入れようとする動きが広がっていった経緯を見てきた。ヨーロッパを進んだ文明とみなす見方はこうして広まったのだが、起点がロシアの脅威であることに象徴される通り、そこには、知的好奇心では説明しきれない構造的な契機が存在する。

渡辺崋山は、画家として知られ、鷹見泉石像をはじめ数々の作品が重要文化財に指定されている。画業に優れた崋山は洋画にも関心があり、幕府の奥医師桂川家など蘭学者との親交は早くからあった。しかし、本格的に蘭学を学び始めるのは、天保三年（一八三二）、田原藩の家老となり海岸掛を拝命してからである。崋山は、その経緯を次のように述懐している。

八年前（天保三年）に家老の末席に列せられました。田原藩は大洋に突き出た半島（渥美半島）にありますので、外国船来航の際の対応にかかわる前々からの法令や、文政八年（一八二五）の異国船打払令の御用を務める海岸係を拝命しました。実際に外国船がやって来た時不調法があってはなりません。そこで、ヨーロッパの動静、政治や宗教、軍事面について知りたいと思い、蘭学で名高い高野長英、小関三英、幡崎《はたざき》鼎《かなえ》（一八〇七—四二）らと知り合いになりました。長英は藩で取り立てることとし、この三人に翻訳を頼み、よくわからないことは三人に尋ね、ヨーロッパの様子について一通り知ることができました

（「崋山の口書」）

崋山の言う前々からの法令とは、寛政三年（一七九一）に幕府が一五〇年ぶりに出した異国船取扱令以降の法令を指す。寛政三年の法令により、来航した外国船を臨検すること、相手が臨検を拒んだ場合には武力をもって撃退することが、沿岸に領地を持つ大名の任務となったが（第三章第一節「司馬江漢と本多利明」）、文政八年の法令は、来航した外国船を臨検をするまでもなく打ち払えというものであった。こうした任務を遂行するには沿岸の軍備を整える必要がある。彼らはどこから何のためにやってくるのか、どのような武器を

持っているのか。有効な海岸防備体制を築くには、敵を知らなければならない。だから崋山は蘭学へと向かったのだ。

外国船の対応において、不手際が許されなかったことも重要だ。文化露寇事件後には、幕府の失態に対する批判が国内に渦巻いた（第二章第三節「「鎖国」外交の成立」）。対外的軍事行動における失敗は、権威と名誉の失墜であった。また、文化五年（一八〇八）のフェートン号事件では、イギリスによる日本側に対する直接の武力行使はなかったものの、この年の当番であった佐賀藩は、長崎警備の責任者二人をはじめ数人の家臣に切腹などの処分を下し、藩主鍋島斉直《なべしまなりなお》（一七八〇―一八三九）は、家臣の怠惰と配備人数の不足を理由に幕府から逼塞《ひっそく》を命じられた（『通航一覧』巻二六〇）。外国船への備えは、大名が将軍に尽くすべき忠義であり、大名の家臣が主君に尽くすべき忠義であった。

適塾や象先堂に全国から集まった門下生には、軍事を学ぶことを目的とした医師ではない武士も含まれ、中には藩費で留学した者もあったという。福澤諭吉も、適塾で学ぶ願いを中津藩に提出するに際して、目的を「蘭学修行」ではなく「砲術修行」と書くよう助言され、それに従ったと記している（『福翁自伝』）。外国船来航に備えて海防が本格化する中で、将軍への忠義を尽くすため、大名が、武士が、蘭学へと駆り立てられる構図ができあがっていたのだ。

『福翁自伝』には、大名と蘭学の関係を端的に示す印象深いエピソードがある。概要を紹介しよう。

ある日、筑前福岡藩の御出入医であった緒方洪庵先生が、大坂に滞在中の藩主黒田長《なが》溥《ひろ》（一八一一—八七）様のご機嫌伺いに出向き、「ワンダーベルト」という原書（Pieter Van der Burg（一八〇八—八九）著"Eerste Grondbeginselen der Natuurkunde"（一八四七年））を借りて来た。最新の英書をオランダ語に翻訳した物理書で、新しいことが満載である。特に目を引いたのは、エレキテル（電気）の項目であった。蘭書の学校読本に書いてある程度の知識しかなかったが、この新しい舶来の物理書には、イギリスの大家ファラデー（Michael Faraday 一七九一—一八六七）の電気説を基にした電池の構造などがちゃんと書かれていることに驚くばかりで、一見して直ちに魂を奪われた。そこで、エレキテルの部分だけを塾生総出で写すことにした。一人が原書を読み一人が写すことを交替で繰り返し、二夜三日で写した紙数は一五〇〜六〇枚になった。これ以降、適塾はエレキテルに関して日本の最先端に達したといって差し支えない。

大名の入手した蘭書が新しい知見を開くその瞬間を活写するこのエピソードは、海防が梃子《てこ》となって武士を蘭学へと向かわせた構図が、とりもなおさず、ヨーロッパの「科学」と「技術」がどれほど進んでいるのかを彼らが理解していく構図でもあったことを教えてくれる。幕府が全国の海岸防衛策に着手した寛政三年当時、海防という名の将軍への忠義が、将軍が不在となった国家の近代化を推進する世界観へとつらなっていくことを予見できた者はいなかったであろう。日本の近代は、こうして固められた土台の上に始まったのである。

あとがき

本書は、拙著『近世後期の世界認識と鎖国』（吉川弘文館、二〇二一年）の内容に、いくつかのことがらを新しく付け加えて書き下ろしたものです。手にとっていただき、ありがとうございます。鎖国してた言うけど、江戸時代の人って、案外世界のこと知ってたんやなぁ。読み終わって、そんな風に思って下さる読者がおられたなら、何よりうれしいことです。

明治時代以降戦前に書かれた歴史は、江戸時代を批判的に描くものが少なくありませんでした。他党が政権をとっていた時期を「悪夢のような」と批判した政治家がいましたが、今の正しさを言うためにそれ以前をおとしめるというのはよくあることで、明治以降の政治体制や社会を是認する立場にたてば、その直前の江戸時代を克服すべき悪しき時代として描きたくなるのが人情なのかもしれません。

ざっくり言えば、明治期以降ある種の偏りのあるまなざしから描かれてきた江戸時代を、ほんまのところはどうやったん？　と追究してきたのが戦後の近世史研究でした。本書もその流れの中にあります。突然ペリーの黒船が現れて、幕府はなんも知らんと慌てふためいたように書かれてきたけど、幕府の人ってそんなにアホやったんやろか、明治政府作ったんは江戸時代に生まれた人やで？　そんな問いを抱えて三歩進んでは二歩下がり……。ようやくたどり着いた私なりの答えを書いてみたのが本書です。

拙い研究を一般の方々に届ける機会を下さった吉川弘文館と編集の若山嘉秀さんに、心より御礼を申します。一般書の書き下ろしは初めてのことでとても難しく、予想外に時間を要しましたが、準備から書き上げるまで、至福の時間を与えていただきました。

一般書であることから、典拠は史料を引用したり、先学が明らかにされた事実を考察に用いたりする場合に限って示しましたが、参考文献に掲げた通り、いえ、紙幅の制約でリストに掲げられなかった文献も含め、本書は先学の数々の研究成果に多くを負っています。特に、第三章で扱った本多利明は難物で、何年も格闘してきたところ、宮田純さん、横山俊夫さんのご研究にヒントをもらい、ようやく突破口を見つけることができました。また、古地図、伊能図、蘭学史、科学史をめぐって、膨大に蓄積された丹念なお仕事に圧倒され、おおいに啓発されました。すべての学恩に感謝を捧げます。

資料収蔵機関が進めておられる資料のデジタル公開の恩恵もこうむりました。実際に足を運んで現物に触れると、様々な発見や学びがあります。それは歴史を研究する者の何にも代えられない愉しみですが、いつでもどこでも資料を見ることのできる情報環境がなかったら、本書が日の目を見ることはありませんでした。各種機関の保存と公開へのご尽力への感謝は尽きません。

二〇〇二年から担当してきた京都大学文学研究科日本史特殊講義の受講生にも、この場を借りて謝意を伝えます。行きつ戻りつ、結論のない退屈な授業を、辛抱強く聞いてくれた受講生諸君。君たちの忘却の彼方にあるあの時の話が、本書に詰まっています。付き合ってくれてありがとう。

最後に。私には大学生の子どもが二人います。若山さんからお話をいただいた時、私が何を研究しているのかを知らない、理系の彼らにでもわかるような本にしようと心に決めました。歴史用語を極力避けたのはそのような理由からです。ただ、完成を目の前にして、彼らに本書を渡すかどうか迷っています。振り返って、同じ世代の頃の私は、親の仕事に全く関心がありませんでしたから。ともあれ、読者の顔を具体的にイメージすることで、この本を仕上げることができました。家族に感謝です。

二〇二四年一〇月　住み始めて四〇年近くなるのに一向に京都弁が身につかない京都にて

岩﨑奈緒子

参考文献

赤羽壮造「高橋景保の新訂万国全図について（上）（下）」『日本歴史』一三一・一三二、一九五九年
秋岡武次郎『日本地図史』新版、ミュージアム図書、一九九七年
秋月俊幸『日本北辺の探検と地図の歴史』北海道大学図書刊行会、一九九九年
秋月俊幸『日露関係とサハリン島』筑摩書房、一九九四年
朝尾直弘『鎖国』日本の歴史一七、小学館、一九七五年
朝尾直弘「鎖国制の成立」『講座日本近世史』四、東京大学出版会、一九七〇年
朝倉治彦他編『司馬江漢の研究』八坂書房、一九九四年
浅倉有子『北方史と近世社会』清文堂出版、一九九九年
鮎沢信太郎『山村才助』人物叢書新装版、吉川弘文館、一九八九年
鮎沢信太郎『鎖国時代の世界地理学』原書房、一九八〇年
荒野泰典『「鎖国」を見直す』岩波書店、二〇一九年
荒野泰典『近世日本と東アジア』東京大学出版会、一九八八年
有泉和子「一九世紀はじめの北方紛争とロシア史料：遠征の後始末―フヴォストフ・ダヴィドフ事件とロシアの出方」『東京大学史料編纂所研究紀要』一八、二〇〇八年
有坂隆道「親試実験主義の展開」『ヒストリア』八、一九五三年

板沢武雄『日蘭文化交渉史の研究』吉川弘文館、一九五九年
井田清子『江戸知識人の世界認識』水声社、二〇〇八年
井野辺茂雄『維新前史の研究』中文館出版、一九三五年
今泉源吉『蘭学の家　桂川の人々』篠崎書林、一九六五年
岩生成一「独医 Kaempfer の「日本誌」とその日本思想界に及ぼした影響」『日本学士院紀要』二五―一、一九六七年
岩崎克己「山村才助の著訳と西洋知識の源泉に就いて」『歴史地理』七七―四、一九四一年
岩崎克己「『ゼオガラヒー』の渡来とその影響」『書物展望』一〇―一二、一九四〇年
岩﨑奈緒子「対レザノフ外交において幕府が「鎖国」を選んだ理由」『訳官使・通信使とその周辺』八、二〇二三年
岩﨑奈緒子『近世後期の世界認識と鎖国』吉川弘文館、二〇二一年
岩﨑奈緒子「『三国通覧図説』―衝撃の『蝦夷国全図』―」『歴史と地理　日本史の研究』二三一、二〇一〇年
岩﨑奈緒子『「赤蝦夷風説考」の研究』課題番号一八五二〇四九三、平成一八～二〇年度科学研究費補助金（基盤研究(C)(2)）研究成果報告書、二〇〇九年
岩﨑奈緒子「蝦夷地・琉球の「近代」」『日本史講座』七、東京大学出版会、二〇〇五年
氏家幹人「書物奉行と紅葉山文庫②鈴木白藤」『北の丸』五二、二〇二〇年
海原徹『近世私塾の研究』思文閣出版、一九八三年

海野一隆「桂川甫周の世界図について」『人文地理』二〇―四、一九六八年
大島明秀『「鎖国」という言説』ミネルヴァ書房、二〇〇九年
大谷亮吉『伊能忠敬』岩波書店、一九一七年
岡村千曳『紅毛文化史話』創元社、一九五三年
織田武雄『地図の歴史』日本編、講談社現代新書、一九七四年
嘉数次人「江戸幕府の天文学（その一）～（その一二）」『天文教育』一九―四～六・二〇―一～六・二一―三・六・二二―二、二〇〇七年～二〇一〇年
笠井助治『近世藩校の綜合的研究』吉川弘文館、一九六〇年
片桐一男「司馬江漢の新書翰」『古美術』三〇、一九七〇年
片桐一男「オランダ通詞馬場佐十郎に受益の江戸の蘭学者達」『法政史学』二二、一九七〇年
片桐一男「阿蘭陀通詞馬場佐十郎の天文台勤務とその業績」『法政史学』二一、一九六九年
上白石実『幕末期対外関係の研究』吉川弘文館、二〇一一年
川村博忠『江戸幕府撰日本総図の研究』古今書院、二〇一三年
川村博忠『近世日本の世界像』ぺりかん社、二〇〇三年
菊地勇夫『アイヌと松前の政治文化論』校倉書房、二〇一三年
菊池勇夫「海防と北方問題」『岩波講座日本通史』一四、岩波書店、一九九五年
菊地勇夫『幕藩体制と蝦夷地』雄山閣出版、一九八四年
京都大学大学院文学研究科地理学研究室・京都大学総合博物館編『地図出版の四百年』ナカニシヤ出版、

二〇〇七年
金田章裕「「新訂万国全図」の編集過程をめぐって」『大地の肖像』京都大学学術出版会、二〇〇七年
幸田正孝「宇田川榕庵の年譜（上）（下）」『津山高専紀要』二九・三〇、一九九一・九二年
佐藤昌介「大槻玄沢稿「寒燈漫筆」について」『洋学史論考』思文閣出版、一九九三年
佐藤昌介『洋学史の研究』中央公論社、一九八〇年
佐藤昌介『洋学史研究序説』岩波書店、一九六四年
渋沢栄一『楽翁公伝』岩波書店、一九三七年
島谷良吉『最上徳内』人物叢書新装版、吉川弘文館、一九九五年
菅野陽『日本銅版画の研究』美術出版社、一九七四年
鈴木圭介「私の「鎖国論」入門」『学鐙』七八—五～一二、一九八一年
鈴木圭介「写本の運命—ケンペル『鎖国論』の書誌学—」『歴史と社会』六
鈴木純子「伊能プロジェクトの枠組」『お茶の水地理』六二、二〇二三年
鈴木純子「伊能忠敬の測量事業にともなった学術的交流」『地学雑誌』一二九—二、二〇二〇年
鈴木純子「江戸の伊能忠敬—伊能測量をめぐる地理の人脈—」『お茶の水地理』五八、二〇一九年
鈴木道男「堀田正敦の『観文禽譜』（一二）堀田正敦と大黒屋光太夫」『国際文化研究科論集』一九、二〇一一年
鈴木道男「堀田正敦の『観文禽譜』（一〇）堀田正敦の北方探究と鳥学—正敦と工藤平助・最上徳内—」『国際文化研究科論集』二四、二〇一六年

鈴木道男「堀田正敦の『観文禽譜』（六）若年寄の蝦夷地視察」『国際文化研究科論集』八、二〇〇〇年一二月
鈴木康子『転換期の長崎と寛政改革』ミネルヴァ書房、二〇二三年
高木崇世芝『近世日本の北方図研究』北海道出版企画センター、二〇一一年
高田誠二「歴史家・久米邦武の『物理学』手稿」『科学史研究（第二期）』三〇、一九九一年
谷本晃久『近世蝦夷地在地社会の研究』山川出版社、二〇二〇年
田中実他共著『舎密開宗研究』講談社、一九七五年
棚橋淳二「近世日本におけるガラス製造法の発展とその限界（四）」『神戸松蔭女子大学研究紀要』一一、一九六九年
田保橋潔『増訂近代日本外国関係史』複刻版、原書房、一九七六年
ドナルド・キーン『日本人の西洋発見』（中公文庫）中央公論新社、一九八二年
戸村茂昭「奥宮正樹「測量日記」の紹介」『伊能忠敬研究』八四、二〇一八年
戸田一郎「蘭学者たちの遺してくれたもの」『物理教育』五六―四、二〇〇八年
鳥井裕美子「ケンペルから志筑へ―日本賛美論から排外的『鎖国論』への変容―」『季刊日本思想史』四七、一九九六年
中野操『大阪蘭学史話』同朋舎、一九七九年
永積洋子『一八世紀の蘭書注文とその流布』課題番号〇七四五一〇七八、平成七年度～九年度科学研究費補助金）基盤研究(B)）研究成果報告書、一九九八年

鳴海邦匡『近世日本の地図と測量』九州大学出版会、二〇〇七年
二宮陸雄『高橋景保と「新訂万国全図」』北海道出版企画センター、二〇〇七年
野上道男「伊能忠敬による月食観測を用いた経度測定とその精度」『地学雑誌』一一九―二、二〇一〇年
野村正雄「江戸期に出された洋ガラス工場の詳説二篇と典拠の蘭書との比較対照本」『技術と文明』一五―一、二〇〇四年
林屋辰三郎編『化政文化の研究』岩波書店、一九七六年
針谷武志「近世後期の諸藩海防報告書と海防掛老中」『学習院史学』二八、一九九〇年
尾藤正英「尊王攘夷思想」『岩波講座日本歴史』一三、岩波書店、一九七七年
平井松午編『伊能忠敬の地図作製』古今書院、二〇二二年
平川新『開国への道』日本の歴史一二、小学館、二〇〇八年
平野満「渋江長伯の本草学研究―物産学の視点から―」『明治大学人文科学研究所紀要』七五、二〇一四年
藤井讓治「一七世紀の日本」『岩波講座日本通史』一二、岩波書店、一九九四年
藤田覚『近世後期政治史と対外関係』東京大学出版会、二〇〇五年
藤田覚『近世後期日露紛争の政治史的意義』課題番号一〇六一〇三一八、平成一〇年度～一二年度科学研究費補助金（基盤研究(C)(2)）研究成果報告書、二〇〇一年
藤田覚「一九世紀前半の日本」『岩波講座日本通史』一五、岩波書店、一九九五年

本間修平『幕藩国家の法と支配』有斐閣、一九八四年
松浦玲「弘化・嘉永期の勝海舟」『桃山学院大学人文科学研究』二五―一、一九八九年
松尾晋一『江戸幕府の対外政策と沿岸警備』校倉書房、二〇一〇年
松方冬子『オランダ風説書と近世日本』東京大学出版会、二〇〇七年
松田清『洋学の書誌的研究』臨川書店、一九九八年
松本英治『近世後期の対外政策と軍事・情報』吉川弘文館、二〇一六年
船越昭生「「新訂万国全図」の主要資料アロウスミスの原図について」史林六二―一、一九七九年
三上参次「江戸幕府の有せし外国知識（特に松平定信に就いて）」『史学雑誌』二五―八、一九一四年
宮田純『近世日本の開発経済論と国際化構想―本多利明の経済政策思想―』お茶の水書房、二〇一六年
守屋嘉美「松平定信の北地防備策と東北諸藩」『日本近世の政治と社会』吉川弘文館、一九八〇年
山口啓二「日本の鎖国」『岩波講座世界歴史』一六、岩波書店、一九七〇年
山本英貴『地域社会の展開と幕藩制支配』名著出版、二〇〇五年
山本博文『鎖国と海禁の時代』校倉書房、一九九五年
山脇悌一郎『長崎の唐人貿易』新装版、吉川弘文館、一九九五年
矢守一彦『古地図への旅』朝日新聞社、一九九二年
横山俊夫「「古日本カムサスカ」と魯鈍斎利明―一八世紀末日本の時間観念についての覚書」『人文学報』四二、一九七六年
横山伊徳『開国前夜の世界』日本近世の歴史五、吉川弘文館、二〇一三年

横山伊徳「異国船打ち払いの時代―「海防」のアウトサイド・ヒストリー―」『九州史学』一五二、二〇〇九年
吉野政治「日本における植物観の変革―菩多尼訶経の歴史的意義―」『同志社女子大学日本語日本文学』二四、二〇一二年
和田春樹『開国―日露国境交渉―』日本放送出版協会、一九九一年
渡辺一郎監修『伊能図大全』第六巻、河出書房新社、二〇一三年
渡辺浩『東アジアの王権と思想』増補新装版、東京大学出版会、二〇一六年
渡辺浩『近世日本社会と宋学』東京大学出版会、一九八五年

〈史料等〉

「蝦夷商賈聞書」『松前町史』史料編第三巻、一九七九年
「蝦夷地一件」京都大学文学研究科図書館所蔵、京都大学貴重資料デジタルアーカイブ
「蝦夷乱届書」北海道立文書館所蔵
『奥多摩町史料集』第一三号「杉田家文書」奥多摩町教育委員会、一九九七年
『小浜藩松ヶ瀬・鋸崎台場跡発掘調査報告書』大飯町教育委員会、二〇〇〇年
『緒方洪庵全集』第五巻、大阪大学出版会、二〇二二年
『崋山全集』第一巻、一九一一年、国立国会図書館デジタルコレクション
桂川甫周「魯西亜志」『少年必読日本文庫』第五編、博文館、一八九一年

工藤平助「加模西葛杜加国風説考」天理大学附属天理図書館所蔵
『厚生新編』厚生新編刊行会、一九三七年
『近藤正斎全集』第一巻、国書刊行会、一九七六年
『鎖国時代日本人の海外知識―世界地理・西洋史に関する文献解題―』複刻版、原書房、一九七八年
『司馬江漢全集』三、八坂書房、一九九四年
司馬江漢『地球全圖略説』国立国会図書館デジタルコレクション
志筑忠雄「鎖国論」天理大学天理図書館所蔵
『新長崎市史』第二巻近世編、長崎市、二〇一一年
『新編林子平全集』第一巻・第二巻、第一書房、一九七八・七九年
『新北海道史』第二巻、北海道、一九七〇年
『舎密開宗―復刻と現代語訳・注―』講談社、一九七五年
高橋景保「北夷考」「北夷考証」『北方史史料集成』第一巻、北海道出版企画センター、一九九一年
『通航一覧』第七冊、複刻版、国書刊行会、一九六七年
『長崎県史　対外交渉編』長崎県、一九八六年
『日本古地図大成　世界図編』講談社、一七九五年
羽太正養「休明光記」『新撰北海道史』第五巻、北海道庁、一九三六年
『林子平全集』一・二、第一書房、一九七八年・一九七九年
『磐水存響』乾、一九一二年、国立国会図書館デジタルコレクション

平田篤胤『古道大意』改造社、一九四四年
平田篤胤「千島の白波」『北方史史料集成』第五巻、北海道出版企画センター、一九九四年
『福澤諭吉著作集』慶応義塾大学出版会、二〇〇一―二〇〇三年
『ベニョフスキー航海記』東洋文庫、平凡社、一九七〇年
帆足万里「窮理通」『日本科学古典全書：復刻』一、朝日新聞社、一九七八年　国立国会図書館デジタルコレクション
『本多利明・海保青陵』日本思想大系四四、岩波書店、一九七〇年
本多利明「自然治道の弁」北海道立文書館所蔵
『松前町史』第一巻上、松前町、一九八四年
松平定信『宇下人言・修行録』岩波文庫、一九四二年
松平定信「蝦夷地一件意見書草案」北見市立図書館所蔵
松平定信「蝦夷御備一件」「魯西亜人取扱手留」天理大学附属天理図書館所蔵
松平定信「海辺御備愚意」「御書付并評議留」所収、天理大学附属天理図書館所蔵
『向山誠斎雑記』天保・弘化篇第五巻・第九巻、ゆまに書房、二〇〇三年
『ブロートン北太平洋航海記』東洋書店新社、二〇二一年
山田聯「北裔図説集覧備攷」国立国会図書館デジタルコレクション
山村才助『訂正増訳采覧異言』青史社、一九七九年
「魯西亜渡来一件」一～三（海表異聞の内）同志社大学図書館所蔵、同志社大学デジタルコレクション

著者紹介

一九六一年、宮崎県に生まれる
一九九六年、京都大学文学研究科研究指導認定退学
現在、京都大学総合博物館教授

〔主要編著書〕

『日本近世のアイヌ社会』（校倉書房、一九九八年）
『近世後期の世界認識と鎖国』（吉川弘文館、二〇二一年）
『文化財と標本の劣化図鑑』（共編著、朝倉書店、二〇二三年）

歴史文化ライブラリー
613

〈ロシア〉が変えた江戸時代
世界認識の転換と近代の序章

二〇二四年（令和六）十二月一日 第一刷発行
二〇二五年（令和七）四月十日 第二刷発行

著者 岩《いわ》﨑《さき》奈《な》緒《お》子《こ》

発行者 吉川道郎

発行所 株式会社 吉川弘文館
東京都文京区本郷七丁目二番八号
郵便番号一一三—〇〇三三
電話〇三—三八一三—九一五一〈代表〉
振替口座〇〇一〇〇—五—二四四
https://www.yoshikawa-k.co.jp/

印刷＝株式会社 平文社
製本＝ナショナル製本協同組合
装幀＝清水良洋・宮崎萌美

ISBN978-4-642-30613-3

歴史文化ライブラリー

1996. 10

刊行のことば

現今の日本および国際社会は、さまざまな面で大変動の時代を迎えておりますが、近づきつつある二十一世紀は人類史の到達点として、物質的な繁栄のみならず文化や自然・社会環境を謳歌できる平和な社会でなければなりません。しかしながら高度成長・技術革新にともなう急激な変貌は「自己本位な刹那主義」の風潮を生みだし、先人が築いてきた歴史や文化に学ぶ余裕もなく、いまだ明るい人類の将来が展望できていないようにも見えます。このような状況を踏まえ、よりよい二十一世紀社会を築くために、人類誕生から現在に至る「人類の遺産・教訓」としてのあらゆる分野の歴史と文化を「歴史文化ライブラリー」として刊行することといたしました。

小社は、安政四年（一八五七）の創業以来、一貫して歴史学を中心とした専門出版社として書籍を刊行しつづけてまいりました。その経験を生かし、学問成果にもとづいた本叢書を刊行し社会的要請に応えて行きたいと考えております。

現代は、マスメディアが発達した高度情報化社会といわれますが、私どもはあくまでも活字を主体とした出版こそ、ものの本質を考える基礎と信じ、本叢書をとおして社会に訴えてまいりたいと思います。これから生まれでる一冊一冊が、それぞれの読者を知的冒険の旅へと誘い、希望に満ちた人類の未来を構築する糧となれば幸いです。

吉川弘文館

歴史文化ライブラリー

近世史

江戸城の土木工事 石垣・堀・曲輪 ― 後藤宏樹
慶長遣欧使節 伊達政宗が夢見た国際外交 ― 佐々木 徹
徳川忠長 兄家光の苦悩、将軍家の悲劇 ― 小池 進
女と男の大奥 大奥法度を読み解く ― 福田千鶴
大奥を創った女たち ― 福田千鶴
江戸のキャリアウーマン 奥女中の仕事・出世・老後 ― 柳谷慶子
江戸に向かう公家たち みやこと幕府の仲介者 ― 田中暁龍
細川忠利 ポスト戦国世代の国づくり ― 稲葉継陽
家老の忠義 大名細川家存続の秘訣 ― 林 千寿
隠れた名君 前田利常 加賀百万石の運営手腕 ― 木越隆三
明暦の大火 「都市改造」という神話 ― 岩本 馨
〈伊達騒動〉の真相 ― 平川 新
江戸の町奉行 ― 南 和男
大名行列を解剖する 江戸の人材派遣 ― 根岸茂夫
江戸大名の本家と分家 ― 野口朋隆
江戸の武家名鑑 武鑑と出版競争 ― 藤實久美子
江戸の出版統制 弾圧に翻弄された戯作者たち ― 佐藤至子
武士という身分 城下町萩の大名家臣団 ― 森下 徹
旗本・御家人の就職事情 ― 山本英貴
武士の奉公 本音と建前 江戸時代の出世と処世術 ― 高野信治
近江商人と出世払い 出世証文を読み解く ― 宇佐美英機
犬と鷹の江戸時代 〈犬公方〉綱吉と〈鷹将軍〉吉宗 ― 根崎光男
武人儒学者 新井白石 正徳の治の実態 ― 藤田 覚
近世の巨大地震 ― 矢田俊文
土砂留め奉行 河川災害から地域を守る ― 水本邦彦
外来植物が変えた江戸時代 里湖・里海の資源と都市消費 ― 佐野静代
闘いを記憶する百姓たち 江戸時代の裁判学習帳 ― 八鍬友広
江戸時代の瀬戸内海交通 ― 倉地克直
江戸のパスポート 旅の不安はどう解消されたか ― 柴田 純
江戸の捨て子たち その肖像 ― 沢山美果子
江戸時代の医師修業 学問・学統・遊学 ― 海原 亮
踏絵を踏んだキリシタン ― 安高啓明
墓石が語る江戸時代 大名・庶民の墓事情 ― 関根達人
石に刻まれた江戸時代 無縁・遊女・北前船 ― 関根達人
近世の仏教 華ひらく思想と文化 ― 末木文美士
伊勢参宮文化と街道の人びと ケガレ意識と不埒者の江戸時代 ― 塚本 明
吉田松陰の生涯 猪突猛進の三〇年 ― 米原 謙
松陰の本棚 幕末志士たちの読書ネットワーク ― 桐原健真
龍馬暗殺 ― 桐野作人

歴史文化ライブラリー